당신에게 말을 거는 책

이 책은 방일영문화재단의 지원을 받아 저술·출판되었습니다.

## 당신에게 말을 거는 책
다큐 PD 정석영의 문화예술·역사 기행

2025년 6월 5일 초판 1쇄 인쇄
2025년 6월 12일 초판 1쇄 발행

| | |
|---|---|
| 지은이 | 정석영 |
| 펴낸이 | 김영애 |
| 편집 | 김배경 |
| 디자인 | 정민아 |
| 펴낸곳 | SniFactory.4(에스앤아이팩토리) |
| 등록일 | 2013년 6월 3일 |
| 등록 | 제2013-00163호 |
| 주소 | 서울시 강남구 삼성로96길 6 엘지트윈텔 1차 1210호 |
| 전화 | 02. 517. 9385 |
| 팩스 | 02. 517. 9386 |
| 이메일 | dahal@dahal.co.kr |
| 홈페이지 | www.snifactory.com |
| ISBN | 979-11-91656-33-6  03600 |
| 가격 | 25,000원 |

© 정석영, 2025

다할미디어는 SniFactory.4(에스앤아이팩토리)의 출판 브랜드입니다.
이 책은 저작권법에 따라 보호받는 저작물이므로 무단 전재와 무단 복제를
금지하며, 이 책 내용의 전부 또는 일부를 이용하려면 반드시 저작권자와
SniFactory.4(에스앤아이팩토리)의 서면 동의를 받아야 합니다.

# 당신에게
# 말을 거는
# 책

정석영 지음

다흘미디어

지금까지 45개국을 돌며
가난과 예술, 광기와 웃음, 사랑까지 만났다.
그 말들을 모아서 이 책을 썼다.
지금 말하고 싶다.
"혹시 이 이야기, 들어줄 수 있나요?"

PROLOGUE
# 당신에게 말을 거는 책

나는 30년 다큐멘터리를 만들어온 방송 PD다. 기획 단계에서는 수많은 자료를 뒤진다. 책을 뒤지고, 오래된 논문을 읽고, 인터넷의 먼 구석까지 들여다보며 한 사람, 한 장면, 하나의 시대를 찾아간다.

그렇게 시작된 기획이 현실이 되면, 현장에서 나는 카메라를 통해 세상을 바라본다. 어떤 프레임 안에 사람을 담을 것인지, 어떤 순간을 기록할 것인지 고민하며, 나는 길 위에 선다.

하지만 그보다 더 오랜 시간 머무는 곳은 편집실이다. 조명의 밝기, 인터뷰의 숨결, 들리는 소리와 들리지 않는 침묵까지, 모니터 속에서 끝없이 되돌려 보는 장면들은 나에게 수많은 질문을 던진다. 이 화면은 지금 누구를 위해 존재하는가? 무엇을 말하고 있는가? 그리고 무엇을 지우고 있는가?

그래서 다큐멘터리를 만든다는 건 철저히 개인적인 행위다. 객관을 가장한 화면 뒤에는 늘 나의 시선이 있고, 선택이 있고, 망설임이 있다.

다큐멘터리 PD는 조심스러운 직업이다. 때로는 누군가의 삶을 고스란히 담아야 하고, 때로는 고통을 다뤄야 하며, 때로는 말하지 않음으로써 더 많은 것을 말해야 한다. 그 조심스러움은 두려움과 맞닿아 있다. 무언가를 담는다는 건, 동시에 무언가를 지운다는 일이기도 하기 때문이다.

이 책은 그렇게 내가 놓치지 않으려 애쓴 장면들을 모은 기록이다. 현장을 떠나, 펜을 들고 나는 또 다른 다큐멘터리를 시작했다. 묘지와 미술관, 공연장과 도시의 길목에서 나는 다시 삶을 바라보았고, 그것들을 기록했다.

파리의 겨울날, 쇼팽의 묘지 앞에서 흐르던 발라드 한 곡, 빈의 음악가들이 잠든 공간에서 들었던 무언의 화음, 안트베르펜 성당 앞에 잠시 멈춘 시간 등. 내 안에 켜켜이 쌓여 있던 예술과 풍경, 사람과 죽음이 다시 말을 걸기 시작했다.

〈당신에게 말을 거는 책〉이라는 제목은, 바로 그 경험에서 비롯되었다. 예술 작품은 언제나 나보다 먼저 말을 걸어왔다. 낡은 무덤 앞에 놓인 말 없는 꽃 한 송이, 오래된 회화 속 엷은 시선, 무대 위에서 단 한 음을 남기고 사라진 피아니스트의 손끝. 그 모든 장면들은 내게 무언가를 건넸다.

이제는 그 말을, 내가 한 권의 책으로 건네고 싶었다. 나는 클래식 음악의 잔향이 감정을 깨우는 순간들을 기억한다. 그림이 나를 멈춰 세우고, 도시의 골목이 어떤 사유의 문을 열어주던 시간들을 기억한다. 그래서 이 책은 다큐멘터리이자, 에세이이자, 지금 내가 세상에 붙들고 싶은 감정의 기록이기도 하다.

  이 책은 처음부터 차례대로 읽지 않아도 좋다. 어떤 날에는 음악이 필요할 수도 있고, 어떤 날에는 그림 한 장이, 또 어떤 날에는 오래된 이름 하나가 마음을 붙잡을 수도 있다. 읽는 이의 감정이 이끄는 대로 펼쳐도 좋다. 어쩌면 그날의 감정이 가장 잘 들어맞는 장면이 당신을 기다리고 있을지도 모른다.

  나는 이 책의 한 챕터, 한 문장이 하나의 다큐멘터리처럼 읽히기를 바란다. 책장을 넘길 때마다 또 다른 시선이 열리고, 또 다른 질문이 시작되기를. 그 질문들 속에서, 내가 오랫동안 만지고 껴안았던 장면들이 누군가의 삶과 아주 조용히, 그러나 깊이 닿기를 바란다.

2025년 6월

정 석 영

CONTENTS

PROLOGUE    당신에게 말을 거는 책                                              005

## SCENE 01    예술은, 내 안의 시간을 깨운다

나의 쇼팽, 내 영혼의 발라드_ 파리와 바르샤바를 잇는 음악 여정            012
크레센도, 임윤찬을 따라가는 여정                                             036
크레센도의 또 다른 이름, 조성진과 협연의 예술                                048
32개의 튀튀(TuTu), 하나의 호흡_ 발레 군무의 대서사시를 찾아서              060

## SCENE 02    나는 미술관에서 도시를 읽는다

시간의 자화상, 화가들이 거울에 비친 자신을 만나다                           086
침묵의 대화, 그림 속 여인이 전하는 시대의 이야기                            100
빛과 순간의 여행, 인상주의를 찾아서                                         116
욕망과 예술의 아슬아슬한 경계, 명화 속 에로티시즘                           136
황금빛 도시 빈, 분리파를 만나다                                             150
빈의 황금빛 열정_ 클림트와 쉴레의 예술로 걷는 기행                          162
다 빈치의 마지막 숨결을 따라 500년의 시간 여행                             180
플란다스의 개, 예술과 기억을 찾아서 안트베르펜 기행                         196
마드리드의 빛과 그림자 속으로 '황금 삼각형' 예술 기행                      214

## SCENE 03     기억의 풍경, 다큐멘터리로 걷다

| | |
|---|---|
| 카메라 너머의 존엄, 아프리카 '빈곤 포르노'의 딜레마 | 238 |
| 부서진 비석에서 찾은 역사, 바람은 기억을 지우지 않는다 | 248 |
| 임정동이의 기억, 그 기억의 기록 | 258 |
| 덩케르크, 시간의 조각들 | 274 |
| 자유와 정의의 종이 울릴 때_ 파리와 런던을 가로지른 위고를 따라 걷다 | 284 |

## SCENE 04     존재와 이별, 예술의 마지막 목소리

| | |
|---|---|
| 카페와 묘지에서 만난 파리의 연인_ 보부아르와 사르트르를 찾아서 | 308 |
| 빛과 고독, 광기의 여정 오베르 쉬르 우아즈에서 시작하다 | 318 |
| 묘지 속의 하모니, 음악은 계속된다_ 빈 중앙묘지의 거장들 | 346 |
| 페르 라셰즈, 예술가들의 별이 된 자리 | 368 |

| | | |
|---|---|---|
| EPILOGUE | 장면이 지나간 자리에서 | 386 |
| 부록 | 본문에 소개된 미술작품 | 388 |

SCENE 01

# 예술은,
# 내 안의 시간을 깨운다

나는 공연장을 찾는다.

피아노의 숨결과 발레 군무의 호흡 속에서

감정은 말보다 먼저 내 안을 움직인다.

SCENE 01

# 나의 쇼팽, 내 영혼의 발라드
## 파리와 바르샤바를 잇는 음악 여정

페르 라셰즈 묘지.
쇼팽을 비롯한 수많은 예술가들이
이곳에 잠들어 있다.

예술은, 내 안의 시간을 깨운다

### 쇼팽 앞에서 발라드를 듣다

파리의 12월 아침, 비가 그친 페르 라셰즈 묘지. 나는 프레데릭 쇼팽의 무덤 앞에 서 있었다. 아무도 없는 이른 시각, 스마트폰을 통해 흐르는 쇼팽 '발라드 4번'이 나의 유일한 동반자였다.

묘비 위에 놓인 말 없는 꽃들은 176년이 지난 지금도, 그의 음악이 얼마나 많은 사람들에게 위로와 감동을 주는지 말해주는 듯하다. '육신은 여기 있지만, 심장은 바르샤바에 있다'는 말이 떠올랐다. 쇼팽은 죽기 전 자신의 심장을 고국 폴란드로 보내 달라고 유언했고, 실제로 그의 심장은 지금 바르샤바 성 십자가 성당에 안치되어 있다.

점점 격렬해지는 '발라드 4번'의 코다Coda(악곡의 종결부)가 터져 나오자, 나도 모르게 가슴이 먹먹해진다. 병마와 싸우고 망명자로서 고국을 그리워하던 쇼팽의 마지막 순간이, 선율 속에 겹쳐 보였다.

쇼팽 무덤에서 200여 미터 떨어진 곳에는 화가 외젠 들라크루아의 묘가 있다. 생전, 둘은 음악과 회화로 교감하며 깊은 우정을 나눈 사이다. 들라크루아의 일기에는 쇼팽의 즉흥연주를 "마치 캔버스에 색채를 그려내듯, 건반

▷ 쇼팽: 발라드 4번 F단조, Op.52
출처_ 도이치 그라모폰

쇼팽 무덤.
190년째 이어지는 고독한 발라드,
여전히 꽃이 끊이지 않는
쇼팽의 안식처다.

페르 라셰즈 묘지의 쇼팽 무덤과 들라크루아 무덤.
생전 서로를 존중한 두 예술가는 죽어서도 가까이 잠들어 있다.

위에 음을 펼친다"고 감탄한 구절이 있다.

들라크루아는 쇼팽과 조르주 상드가 함께 있는 이중 초상화를 그렸는데, 이 유명한 초상화에는 숨겨진 이야기가 있다. 이 그림이 두 부분으로 잘린 이유다. 흔히 두 사람의 관계가 파국을 맞아서 그림이 잘렸다고 알려져 있지만, 사실은 들라크루아 사망 후 한 소장가가 그림을 더 비싼 값에 팔기 위해 의도적으로 잘랐다

쇼팽과 조르주 상드 이중 초상화 예비 스케치.

는 설이 정설이다. 현재 쇼팽의 초상화는 파리 루브르 박물관에, 상드의 초상화는 덴마크 코펜하겐의 오르드룹고르 박물관에 각각 소장되어 있다.

많은 이들이 쇼팽의 음악을 '가냘프고 섬세하다'고만 생각하지만, 사실 그 안에는 폴란드 민속춤곡 특유의 육체적 리듬과 조국 해방에 대한 열망이 뿌리처럼 깔려 있다. 들라크루아 또한 그 부분을 놓치지 않고, 쇼팽을 '격정과 고독이 동시에 담긴 예술가'로 묘사했다.

각각의 분리된 초상화. 한때 같은 캔버스에 담긴 연인, 이제는 서로 다른 나라에 영원히 분리된 채로 남았다.

## 모차르트 레퀴엠, 장례식의 마지막 선율

　1849년 10월 30일, 파리 마들렌 성당에서 쇼팽의 장례식이 열렸다. 무려 3,000명이 넘는 추모객들이 왔다고 하니, 그가 당시 파리에서 얼마나 사랑받던 예술가였는지 짐작할 수 있다.

　쇼팽은 모차르트 레퀴엠으로 자신을 배웅해 달라고 유언했다. 왜 하필 모차르트였을까? 젊은 나이에 요절했고, 레퀴엠마저 미완성인 모차르트에게서 어떤 운명적 동질감을 느꼈을 것이다. 성당 안에 울려 퍼졌을 '라크리모사' 선율을 상상하자, 고국을 보지 못하고 떠난 예술가에 대한 애도와 존경이 한데 어우러지는 광경이 눈앞에 펼쳐지는 듯했다.

마들렌 성당. 1849년 10월, 쇼팽의 장례식이 거행된 장소로, 모차르트 레퀴엠이 울려 퍼졌다.

펠릭스 바리아스가 그린 〈쇼팽의 죽음〉
격정과 고독 끝에 떠난 위대한 예술가의 마지막 순간.

 ▷ 모차르트: 레퀴엠 D단조, K.626 중 '라크리모사'
출처_ 도이치 그라모폰

## 바르샤바에서 찾은 심장, 폴란드의 자부심

바르샤바 쇼팽 국제공항. 한 예술가의 이름이 붙은 공항, 폴란드의 자부심을 보여준다.

"바르샤바 쇼팽 국제공항에 착륙하겠습니다." 기내 방송을 듣는 순간 가슴이 뛰었다. 미국의 JFK나 프랑스의 샤를 드골과 같은 정치 지도자가 아닌, 공항에 새겨진 그의 이름이 폴란드인들에게 쇼팽이 어떤 존재인지를 말해주는 듯했다.

공항에서 시내로 가는 택시 안, 영어가 서툰 택시 기사와 대화가 막히려는 순간, 내가 '쇼팽'이라고 말하자 그의 얼굴이 환하게 밝아졌다.

"Ah, Chopin! Polska duma!(아, 쇼팽! 폴란드의 자부심!)"

그 순간, 언어의 장벽은 사라진다. "Polonaise? Mazurka? Nocturne? Ballade?" 우리는 그렇게 소통했다. 쇼팽은 이들에게 단순한 음악가가 아니라, 민족 정체성의 살아 있는 상징이었다.

바르샤바 구시가지의 성 십자가 성당. 안으로 들어가면 눈길을 끄는 대리석 기둥이 보인다. 그 위에는 'Tu spoczywa serce Fryderyka Chopina(프레데릭 쇼팽의 심장이 여기에 안치되어 있다)'라는 문구가 새겨져 있다.

쇼팽은 러시아 지배 아래 신음하던 폴란드를 떠나 망명객으로 살았지만, 적어도 심장만은 조국 땅에 묻히길 원했다. 그의 누나 루드비카가 '코냑'에 보존해 가져온 심장은 우여곡절을 겪는다. 제2차 세계대전 중 나치가 성당을

성 십자가 성당과 내부.
쇼팽의 심장이 안치된 기둥. 육신은 파리에,
심장은 폴란드에. 쇼팽의 유언이 실현된 이곳은
폴란드인들에게 성지와 같다.

폭파하며 심장을 가져갔지만, 전쟁이 끝난 뒤 결국 다시 돌아왔다.

성당 안은 미사를 준비하는 사람들로 조용한 분주함이 감돌았다. "음악은 심장에서 나오는 것"이라고 말해준 어느 폴란드 할아버지의 눈빛을 떠올리며, 나도 그 기둥 앞에서 조용히 인사를 건넸다. 비록 육신은 파리 땅에 있지만, 쇼팽의 심장과 음악은 폴란드 땅에서 지금도 살아 숨 쉬고 있다.

## 쇼팽 박물관, 악보에 새겨진 열망

바르샤바 구시가지 인근의 오스트로그스키 궁에 자리한 쇼팽 박물관에 들어서는 순간, 부드러운 피아노 선율이 나를 맞아 준다. 이곳에서 나는 반나절 넘게 그의 삶을 하나하나 맞춰 나갔다.

쇼팽이 생애 마지막까지 사용했던 피아노, 조르주 상드와 주고받은 편지, 그리고 자필 악보가 특히 인상적이다. 수없이 지우고 다시 쓴 흔적이 고스란히 남은 악보를 보며, 그는 망명 생활 속에서도 음악만은 놓지 않았음을 볼 수 있다.

쇼팽이 상드에게 보낸 편지 중, "나는 이전에 그 누구도 이렇게 사랑한 적이 없어요"라는 문장을 나는 오래도록 기억한다. 그의 녹턴이나 발라드에서 느껴지는 애틋한 감정이 바로 이런 순간에서 비롯된 것이 아닐까 상상해 보며 나는 시간이 멈춘 듯 전시실에 서 있었다.

쇼팽 박물관. 쇼팽의 일생이 고스란히 담겨있다.

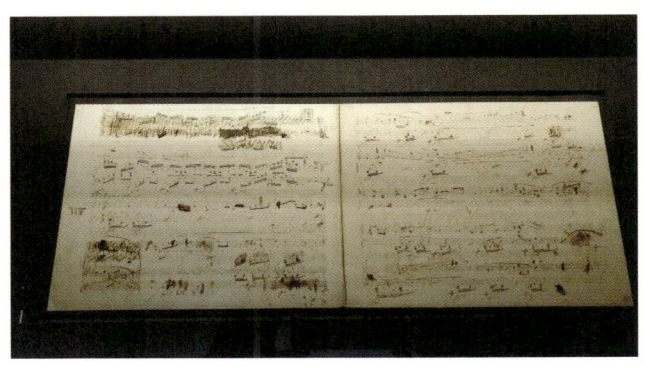

박물관에 전시된 쇼팽의 자필 악보. 낡고 바랜 종이 위에 빼곡히 적힌 음표들, 창작의 흔적이 음표와 함께 춤을 춘다.

## 망명과 저항, 선율 속에 새겨진 역사

폴린 폴란드 유대인 역사 박물관 전시실.
기억의 장벽처럼 파편화된 전시물들이 침묵으로 과거를 전한다.

1830년 11월 29일, 바르샤바에서 러시아 지배에 맞선 봉기가 일어났다. 스무 살이었던 쇼팽은 건강 문제로 직접 전투에 나서지는 못했지만, 분노와 좌절, 그리고 희망을 '혁명 에튀드 Op.10 No.12'에 담았다.

하지만 봉기는 실패했고, 폴란드는 더 깊은 암흑으로 빠져들었다. 연주 활동으로 오스트리아 빈에 머물던 쇼팽은 귀국할 수 없었고, 결국 영영 망명자의 길을 택하게 된다. 파리에 정착한 뒤로도 그는 폴란드 망명 공동체와 교류하며, 자신의 음악에 애국심과 향수를 녹여냈다. 이 시기의 폴로네이즈와 마주르카에는 그의 격렬한 감정과 고향에 대한 그리움이 유난히 깊이 배어 있다.

"쇼팽의 폴로네이즈는 단순한 춤곡이 아니라 민족 투쟁과 영광을 상징한다"고 말하는 이가 많다. 특히 '영웅 폴로네이즈 Op.53'은 폴란드인의 자존심이자 한 줄기 희망의 노래가 되었다.

 ▷ 쇼팽: 연습곡 Op.10, No.12 '혁명'
출처_ 도이치 그라모폰

 ▷ 쇼팽: 폴로네이즈 Ab장조, Op.53 '영웅'
출처_ 도이치 그라모폰

## 겹쳐진 폴란드의 기억

'폴린 폴란드 유대인 역사 박물관'POLIN Museum of the History of Polish Jews'은 중세부터 현대까지 폴란드 유대인들의 역사와 제2차 세계대전 당시 게토의 참상을 보여 준다. 이곳을 찾은 건 영화 〈피아니스트〉의 영향이 컸다. 로만 폴란스키 감독이 유대계 폴란드 피아니스트 블라디슬라프 슈필만의 실화를 바탕으로 만든 작품인데, 영화 속 쇼팽의 곡은 또 하나의 주인공처럼 등장한다.

가장 인상적인 장면은 나치 점령군 장교 앞에서 굶주림과 공포에 지친 슈필만이 폐허 속에 방치된 피아노로 쇼팽 '발라드 1번'을 연주하는 순간이다. 고요한 시작부터 중간의 격정, 마지막의 카타르시스까지, 그 한 곡이 슈필만의 삶과 폴란드의 역사를 압축해 놓는다. 전쟁과 죽음이 가득한 현실 속에서

영화 〈피아니스트〉 중 '발라드 1번' 연주 장면. 나치 점령 하에서 발라드 한 곡이 전쟁의 광기를 잠시 멈추게 한 명장면이다.

순간 총성이 멎고, 음악만 공간을 온전히 채운다. 이는 예술이 지닌 초월적 힘을 상징적으로 보여준다.

조국을 잃은 폴란드인이라는 점에서 쇼팽과 슈필만이 겹쳐 보인다. 한 사람은 19세기 러시아 탄압을 겪었고, 다른 한 사람은 20세기 나치의 대학살 속에서 음악으로 삶과 정체성을 지켰다. 억압은 지나가지만 예술은 남는다는 사실, 그리고 쇼팽이 폴란드인들에게 역사적 위안이자 자부심이라는 사실을 다시금 느낄 수 있다.

▷ 쇼팽: 발라드 1번 G단조, Op.23
출처_ 도이치 그라모폰

### 꿈과 사랑, 예술혼의 불꽃

1831년 9월, 오스트리아 빈을 거쳐 파리에 도착한 스무 살의 쇼팽은 무명의 이방인이었지만, 화려한 대극장보다는 살롱에서 연주하기를 선호했고, 그의 섬세하고 시적인 스타일이 입소문을 타며 점차 명성을 쌓아 갔다.

파리는 당시 리스트, 베를리오즈, 멘델스존 등 음악가뿐 아니라 들라크루아, 앵그르 같은 화가들, 발자크, 위고, 뒤마 같은 작가들이 몰려든 유럽 문화의 심장부였다.

최고의 피아니스트였던 리스트와 쇼팽은 확연히 다른 개성을 지니고 있었다. 리스트가 화려하고 극적인 무대 매너로 청중을 압도한다면, 쇼팽은 시적인 표현으로 마음 깊은 곳을 파고들었다. 처음에는 서로를 존경하고 영감을 주고받았지만, 시간이 지나면서 미묘한 경쟁 관계가 형성되기도 한다. 한

19세기 파리 살롱 풍경과 쇼팽 연주회 포스터.
귀족이나 부르주아 가정에서 열리는 살롱은 당대 문화의 집결지였다.

번은 살롱에서 리스트가 쇼팽의 작품을 연주하자, 쇼팽이 "내 곡을 당신처럼 연주하지 말아주세요"라고 말했다는 일화는 유명하다. 쇼팽은 리스트의 화려한 해석이 자신의 작품의 본질을 흐린다고 느꼈던 것이다. 하지만 리스트는 쇼팽이 세상을 떠난 후 그의 첫 전기를 쓰며 평생 존경심을 표했다.

1838년, 쇼팽은 당시 파리에서 스캔들이 가장 많은 여성 작가 조르주 상드와 운명처럼 만나게 된다. 상드는 남장을 하고 시가를 즐기며 파리 사회를 뒤흔든 인물이었고, 쇼팽보다 여섯 살 연상이자 두 자녀를 두고 있었다. 반면 쇼팽은 여리면서도 예민한 기질의 소유자였다.

같은 해 겨울, 건강이 악화된 쇼팽의 요양을 위해 상드는 마요르카 섬으로 함께 떠났지만, 쇼팽의 병이 결핵으로 알려지자 현지인들은 그들을 기피했고, 둘은 발데모사 수도원에서 혹독한 겨울을 보내야 했다. 그러나 이 극한 상황 속에서 쇼팽은 24개 프렐류드Prelude(전주곡)를 완성했다. 특히 '빗방울 전주곡 Op.28 No.15'는 생사의 경계에서 느낀 극도의 불안과 공포, 그리고 최종적 평온함의 순간을 일정하게 떨어지는 빗소리에 투영한 작품으로 유명하다.

행복했던 시절의 두 예술가. 그들의 사랑과 예술이 꽃피었던 프랑스 노앙 성.
이곳은 삶과 창작이 조용히 맞닿은 무대였다.

이후 노앙 성에서 함께 지낸 몇 해 동안, 쇼팽은 발라드, 스케르초, 소나타 등 수많은 명곡을 남긴다. 그러나 상드 자녀들과의 갈등, 예술적 차이, 그리고 쇼팽의 건강 악화가 겹쳐 결국 8년 만에 이별한다. 상드는 장례식에도 오지 않았지만, 훗날 "그 누구도 쇼팽처럼 피아노로 영혼을 표현하지 못했다"고 회고했다.

 ▷ 쇼팽: 전주곡 Db장조, Op.28, No.15 '빗방울'
출처_ 유니버설뮤직

### 방돔 광장, 마지막 숨결

파리의 중심부 방돔 광장 12번지, 지금은 '쇼메 Chaumet'라는 보석 매장이 들어선 이곳에서 쇼팽은 39세의 나이로 생을 마감한다. 그는 여기서 마지막으로 '마주르카 Op.68 No.4'를 작곡했다고 알려져 있다.

사진 제공_ 프랑스 김효찬

방돔 광장과 쇼메 매장. 쇼팽이 세상을 떠난 곳에 지금은 명품 주얼리 브랜드의 본점이 자리하고 있다.

건물 외벽 작은 동판이 붙어있다. '프레데릭 프랑수아 쇼팽, 1810년 2월 22일 폴란드 젤라조바 볼라에서 태어나 1849년 10월 17일 이 집에서 사망하다.'

아이러니하게도 그의 첫 출판 곡인 폴로네이즈와 마지막 곡 마주르카는 폴란드 민속춤곡이다. 평생 고국 폴란드를 그리워한 쇼팽은 이 두 춤곡에 담긴 폴란드의 리듬과 정서를 끝까지 놓지 않았던 것이다. 전하는 바에 따르면, 임종 직전 그는 "어머니, 나의 어머니…"라는 마지막 말을 남겼다고 한다. 조국과 가족을 끝까지 그리워했던 그의 인생이 고스란히 담긴 한마디였다.

방돔 광장을 나서며 나는 쇼팽이 말년에 작곡한, 유일한 첼로 소나타를 들었다. 이전의 화려함보다는 본질적인 음악적 표현이 느껴지는 곡이다. 죽음을 앞둔 작곡가가 불필요한 것들을 모두 내려놓고 순수한 음표만을 남긴 듯한 음악이다.

▷ 쇼팽: 마주르카 F단조, Op.68, No.4
출처_ 한경arteTV

▷ 쇼팽: 첼로 소나타 G단조, Op.65, 3악장 '라르고'
출처_ 부산MBC

## 시간을 넘은 선율, 지금도 울리는 피아노

1927년부터 시작된 바르샤바 쇼팽 국제 피아노 콩쿠르는 5년마다 열리는 세계 최고 권위의 대회다. 이 콩쿠르에서는 오직 쇼팽 작품만을 연주한다. 전 세계 피아니스트들이 쇼팽이라는 언어로 교감하고 해석을 겨루는 무대, 그만큼 그의 음악은 시대를 넘어 울린다.

1975년 우승자인 폴란드 출신의 크리스티안 지메르만은, 쇼팽 해석에 폴란드적 정서를 깊이 담아낸다. 그의 피아노는 폴란드어로 말한다고도 한다. 그 한마디에 그의 쇼팽이 시작된다. 반면 1960년, 18세의 나이로 당시 최연소 우승한 마우리치오 폴리니는 심사위원이던 루빈스타인에게 "이 소년은 여기 있는 우리 모두보다 연주를 더 잘한다"는 극찬을 받는다.

5년마다 열리는 이 세계적 콩쿠르는 오직 쇼팽 음악으로만 치러진다.

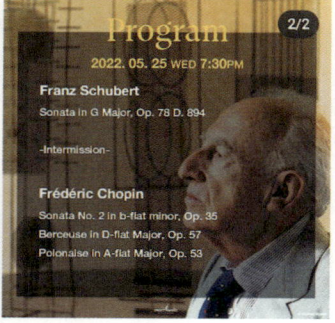

조성진, 크리스티안 지메르만과 마우리치오 폴리니.
다른 시대, 다른 해석이지만, 모두 쇼팽을 통해 시대를 초월해 소통한다.

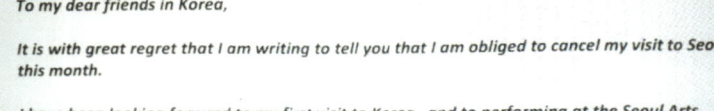

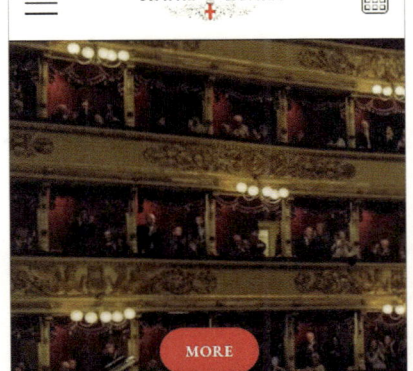

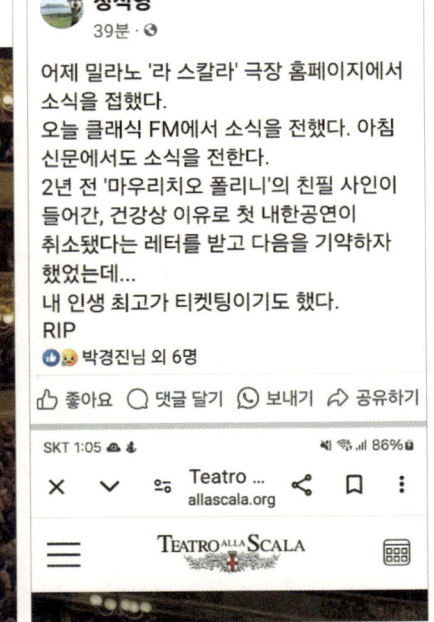

그가 남긴 메세지가 더욱 소중하게 느껴진다.
밀라노 라 스칼라 극장에서 알린 부고. 폴리니의 부고 소식을 접하고 그의 앨범을 꺼냈다.

그의 연주를 직접 만나고 싶었다. 그러나 내가 고대하던 2022년 폴리니의 첫 내한 공연은 안타깝게도 건강 문제로 취소됐고, 2년 후 그는 세상을 떠난다. 나는 예매했던 티켓을 아직 간직하고 있다. 그가 한국 팬들에게 보낸 마지막 친필 사인 메시지 '건강이 회복되는 대로 꼭 다시 방문하겠다'는 약속은 결국 이루어지지 않았지만, 그의 쇼팽 음반들은 수많은 사람들의 음악 서가에서 여전히 빛나고 있다.

2015년 우승자인 조성진 역시 '새로운 시대의 쇼팽 해석'을 보여주며, 세계적으로 주목받았다. 같은 악보라도 연주자마다 전혀 다른 매력을 뿜어낼 수 있는 것, 그것이 쇼팽 음악이 지닌 힘이다.

코로나 팬데믹 한가운데였던 2020과 2021년, 거리 두기로 절반만 찬 콘서트홀에서 열린 조성진의 리사이틀은 내게 가장 강렬한 쇼팽 체험 중 하나다.

조성진 피아노 리사이틀. 코로나 시기에도 멈추지 않는 선율,
쇼팽이 건네는 위로는 더욱 절실했다.

마스크를 쓴 관객들, 공기 중에 감도는 묘한 긴장. 그러나 피아노 소리가 울리는 순간, 불안과 고립감이 한순간에 사라졌다. 그 순간만큼은 팬데믹도, 불안도, 고립도 존재하지 않았다. 오직 음악만이 있었다.

### 스케르초에 담긴 위로

조성진은 2020년 11월 경주 리사이틀에서 스케르초 1번과 2번을, 2021년 9월 예술의전당 공연에서는 스케르초 전곡을 연주했다. 스케르초는 이탈리아어로 '농담' 또는 '익살'이라는 뜻인데 쇼팽의 스케르초는 가벼움과는 거리가 멀다. 격정과 드라마, 그리고 시적 서정성이 복잡하게 어우러진 음악이다.

특히 '스케르초 2번'의 중간부가 흐를 때, 나는 팬데믹 속 모든 걱정과 두려움을 잠시 잊었다. 폭풍 같은 서두와 대비되는 고요하고 평화로운 선율은 고통 속에서 찾은 위안 같았다. 쇼팽도 평생 망명과 병마로 고립되었지만, 음악을 통해 세상과 연결되었다. 그의 작품이 우리에게 여전히 치유와 공감을 건네고 있다는 사실에 마음이 뜨거워진다.

 ▷ 쇼팽: 스케르초 2번 Bb단조, Op.31
출처_ 도이치 그라모폰

### 다시, 페르 라셰즈로

여행의 끝은 어쩌면 다시 처음 자리로 되돌아가는 것일지도 모른다. 페르 라셰즈 묘지를 나설 무렵, 나는 이번 여정에서 마주한 쇼팽의 여러 얼굴을 떠

여정의 끝은 다시 시작점으로 돌아온다.

올렸다. 망명자로서의 쇼팽, 사랑에 빠진 연인으로서의 쇼팽, 고독한 예술가이자 병마와 싸운 환자로서의 쇼팽, 그리고 무엇보다 인간 쇼팽.

쇼팽 사후 176년이라는 세월이 흘렀어도 그의 음악이 여전히 울림을 주는 건, 음표 하나하나에 영혼을 고스란히 담아냈기 때문일 것이다. 쇼팽의 곡은 시대와 국경을 초월한다. 사랑, 그리움, 희망, 절망, 용기, 이 모든 감정의 스펙트럼이 그의 곡 안에 녹아 있기에 세월이 지나도 여전히 새로운 것이다.

### 끝나지 않는 발라드

페르 라셰즈를 떠나며 나는 '발라드 1번'을 재생했다. 고된 삶과 역사, 사랑과 이별을 조금 더 이해하게 된 지금, 그 선율은 더욱 깊게 스며들었다. 육신은 파리에, 심장은 바르샤바에, 그리고 그의 음악은 전 세계인의 가슴속에 살아 있다.

짧지만 길었던 기행을 돌아보니, 쇼팽은 낭만 시대의 음악가이기 전에 망명자이며 한 인간으로서 상실과 그리움을 온몸으로 겪고, 그것을 음표에 고스란히 담아낸 예술가라는 사실이 새삼 크게 다가온다. 파리와 바르샤바 곳곳에 새겨진 쇼팽의 발자취를 밟으며 나는 그가 시대와 국경을 넘어 사람들의 마음을 치유하는 영원한 발라드라는 사실을 또 한 번 깨닫는다.

쇼팽의 선율이 흐르는 한, 나의 여행은 끝나지 않을 것이다. 석양이 지는 묘지 앞에서 나는 작게 속삭였다. "À bientôt. 안녕, 쇼팽. 또 만나기를."

▷ 쇼팽: 발라드 1번 G단조, Op.23
출처_ 도이치 그라모폰

SCENE 01

# 크레센도,
# 임윤찬을 따라가는 여정

출처_ 조선일보

반 클라이번 콩쿠르 결승 무대의 임윤찬.
18세 소년이 라흐마니노프 피아노 협주곡 3번으로 무대를 압도한다.

예술은, 내 안의 시간을 깨운다

나는 날씨에 따라, 분위기에 따라, 자주 임윤찬의 피아노 소리를 듣는다.

사실 그를 처음 알게 된 계기는 2022년 반 클라이번 콩쿠르 우승 소식이 아니었다. 그보다 훨씬 이전, 그가 10대 초반일 때부터 '엄청난 신동'이라는 이야기가 종종 들렸고, 11살짜리 꼬마가 연주하는 모습을 유튜브로 본 순간, "도대체 어디서 이런 재능이…" 하며 입을 다물지 못했던 기억이 선명하다.

그리고 2022년 6월, 마침내 반 클라이번 콩쿠르 최연소 우승이라는 뉴스가 터졌다. '이 아이가 결국 해냈구나'라는 생각에 내 마음이 터질 듯 벅차올랐다. 이미 여러 연주를 유튜브에서 찾아 들으며 그의 다음 무대를 기다리던 차였다. 지금 내 책장에는 그가 결승 무대에서 선보인 '리스트 초절기교 연습곡 실황 음반'과, 작년에 발매한 '쇼팽 에튀드 앨범'이 나란히 꽂혀 있다.

이 글은 내가 직접 경험한 임윤찬의 음악적 여정이다. 도쿄 산토리홀, 광주 예술의전당, 그리고 영화 〈크레센도〉에서 만난 그 순간들이 모두 하나의 'Crescendo(점점 세게)'로 이어져, 내 삶을 풍요롭게 만들었다. 작은 떨림으로 시작해, 이제는 감정의 상당 부분을 물들이는 커다란 파도가 된 이야기. 그 파동 속으로 함께 들어가 본다.

## 시간과 공간을 넘어, 피아노가 데려가는 곳

영화 〈크레센도〉. 무대 뒤부터 결승의 환희까지, 한 소년 피아니스트의 '크레센도'를 다큐로 담아냈다.

2023년 12월, 영화관 스크린에 18세 소년이 나타난다.

라흐마니노프 피아노 협주곡 3번으로 무대를 뒤흔든 이 소년은, 정확히 1년 전 내가 도쿄 산토리홀에서 만났던 '그' 피아니스트다.

영화 〈크레센도〉는 2022년 반 클라이번 국제 피아노 콩쿠르에서 임윤찬이 사상 최연소 우승하기까지의 과정을 담았다. 특히 결승 무대 마지막 장면, 그 폭발적인 피아노 소리와 지휘자 마린 올솝의 눈물을 클로즈업하는 시퀀스는 순식간에 심장을 휘감는다. 프로 지휘자가 열여덟 살의 연주에 감정을 주체하지 못하고 흘린 눈물이라니, 그것만으로 이 다큐가 말하고자 하는 바를 충분히 보여준다.

나는 영화관 좌석에 앉아 묘한 시간의 바뀜을 느낀다. 이미 2022년 12월, 도쿄 산토리홀에서 그의 연주를 들었지만, 영화 속에서는 그보다 6개월 전의 콩쿠르 현장이 펼쳐진다. 스크린 속 과거와 내 기억 속 현재가 섞이면서, 작은 타임머신에 올라탄 듯한 기분이 든다.

가끔 나만의 감상실에서 이 장면을 꺼내 본다. 빔 프로젝터 너머,
반 클라이번 결승 실황의 한 순간. 마린 올솝의 눈물은 이 연주의 진가를 증명해준다.

## 반 클라이번, 냉전의 벽을 허무는 피아노

여기서 잠시. 영화 〈크레셴도〉에는 반 클라이번 콩쿠르 자체가 품은 역사가 있다. 그렇다면 콩쿠르 이름의 주인공, 반 클라이번은 누구일까?

1958년 냉전의 한가운데, 모스크바에서 열린 제1회 차이콥스키 국제 콩쿠르에 미국인 반 클라이번Van Cliburn이 등장한다. 스푸트니크 발사로 우주 경쟁에서 앞서가던 소련과 미국 사이에 극도의 긴장이 감돌던 시절. 그런데도 모스크바 청중은 클라이번이 연주한 차이콥스키 피아노 협주곡 1번에 열광한다. "그가 최고라면 우승을 주시오"라는 당시 소련 수상 니키타 흐루쇼프의 발언은, 음악이 정치적 경계를 무너뜨릴 수 있음을 증명한 한마디였다.

뉴욕에 돌아온 반 클라이번은 카퍼레이드로 환영받으며 '냉전 해빙의 아이콘'이 된다. 이후 1962년 창설된 반 클라이번 콩쿠르는 세계적인 명성을 얻었고, 60년 뒤 한국의 임윤찬이 이 무대에서 최연소 우승을 거머쥐며 또 한 번 역사를 쓰게 된다.

이 장면이 영화에 담긴 걸 보고 있으면, 반 클라이번이 열어젖힌 가능성이 새 시대의 재능과 만나 더욱 빛나는 듯하다.

## 시간을 거슬러 피아노에 잠기다

영화 속 콩쿠르로부터 6개월 뒤인 2022년 12월 3일, 나는 도쿄 산토리홀 객석 한가운데에 앉아 있다. 1986년에 개관한 이 공연장은 카라얀이 "소리의

1962년 '텔아비브 만 오디토리움'에서 라흐마니노프 3번 피아노 협주곡을 연주한 후 지휘자 조지 싱어와 함께한 반 클라이번.

 ▷ 영화 〈크레센도〉 공식 트레일러
　　출처_ 반 클라이번 재단

 ▷ 반 클라이번이 차이콥스키 콩쿠르 우승 후 카퍼레이드를 하는 모습
　　출처_ 반 클라이번 재단

산토리홀. '소리의 보석상자'라 불리는 이 공간에서, 맑고 투명한 울림이
만들어내는 황홀경은 평생 잊기 어렵다.

보석상자"라 칭했을 만큼, 세계 최고 수준의 음향을 자랑한다.

오늘의 주인공은 임윤찬이다. 열한 살 꼬마 임윤찬이 연주하는 영상을 보고 언젠가 그의 연주를 직접 듣겠다는 작은 바람이 있었다. 그런데 반 클라이번 우승 소식을 접하자, 그 '언젠가'는 더 빨리 찾아왔다. 오직 임윤찬을 위해 일본행 비행기표를 끊은 셈이다.

공연 프로그램을 보니 2부가 특히 기대됐다. 리스트의 '두 개의 전설'과 '순례의 해 제2년: 이탈리아'. 피아니스트에게 극한의 기교와 섬세한 해석을 동시에 요구하는 악명 높은 레퍼토리다.

2부가 시작되고, '두 개의 전설' 첫 곡인 '성 프란치스코가 새들에게 설교하는 장면'이 숨죽인 관객 앞을 채운다. 임윤찬의 손가락은 마치 날개를 단 듯 자유롭게 건반 위를 난다. 이어지는 '파올라의 성 프란체스코, 물 위를 걷다'에서는 물살 위를 걷는 성인의 기적이 투명한 음색으로 눈앞에 그려진다. 리스트가 요구하는 '초절기교'란 이런 것이구나 실감하게 된다.

그리고 난 한 번 더 놀랐다. 임윤찬이 휴식 없이 바로 '순례의 해 제2년: 이탈리아'를 이어간다. '페트라르카 소네트 104번'이 피아노 선율로 피어나고, 정점을 찍는 '단테를 읽고(소나타 풍의 환상곡)'에서는 단테 『신곡』의 지옥부터 천국까지 무대 위에 펼쳐진다.

한 인터뷰에서 임윤찬은 "신곡을 여러 판본으로 구해 거의 외우다시피 읽었다"고 했는데, 그의 건반 소리에는 문학적 상상력과 인문학적 깊이가 깃든다. 내 심장은 격정의 소용돌이에 휩싸인 느낌이다. 관객인 내가 녹초가 될 정도로 그의 연주는 나의 심장을 때렸다. 앙코르곡 바흐의 '시칠리아노'가 나를 제자리에 놓아주었다. '더 이상 무엇을 바랄 수 있을까?' 하는 생각이 들 만큼 완벽한 밤이었다.

## 또 다른 무대를 향한 기대

광주 예술의전당 공연.

반차를 내고 KTX를 타고 광주로 향한다. 도쿄 산토리홀 이후 1년 반 만의 재회다.

공연 며칠 전, 기획사에서 '아티스트의 요청으로 프로그램이 변경된다'는 알림이 도착했다. 원래 쇼팽 '에튀드'를 연주할 예정이었지만, 멘델스존 '무언가', 차이콥스키 '사계', 무소르그스키 '전람회의 그림'으로 바뀌었다고 한다. 예측 불가한 레퍼토리 변경이었지만, 오히려 더 설렜다. 그 순간, '이래서 임윤찬이지' 싶었다.

공연 당일, 무소르그스키의 '전람회의 그림'이 웅장한 서막을 연다. 이 곡은 친구였던 화가 빅토르 하르트만의 유작 전시에서 영감을 받아 단 3주 만에 작곡한 명작이다. 열 개의 그림을 묘사한 악장들, 그리고 그림 사이사이를 잇는 프롬나드<sup>Promenade</sup>(산책)가 교차하며, 한 편의 미술관 투어를 음악으로 완성한다.

첫 프롬나드가 시작되면, 나는 전시장 입구에 막 들어선 듯한 기분이다. 난쟁이를 묘사한 'Gnomus(그노무스)', 파리의 튈르리 정원을 그린 'Tuileries', 무거운 수레를 끄는 'Bydlo(비들로)' 등을 거쳐 마지막 'The Great Gate of Kiev(키예프의 대문)'이 절정에 이르면, 피아노 한 대에서 어떻게 이런 오케스

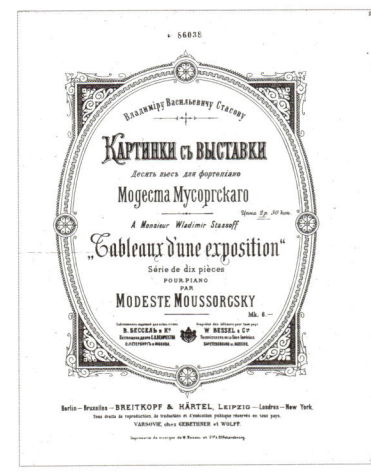 

무소르그스키 '전람회의 그림' 악보. 3주 만에 완성된 러시아 명곡.
화가 하르트만의 그림을 건반 위로 불러낸 무소르그스키의 마법이다.

마지막 음이 끝날 때까지 시선을 뗄 수 없는 무대.
건반과 몸짓이 하나 되어 울려 퍼지는 밤이다.

트라급 사운드가 나올 수 있는지 감탄이 터진다. 무소르그스키는 이 작품에서 라틴어, 프랑스어, 폴란드어 등 다양한 언어의 제목을 그대로 빌려와, 전시된 그림의 인상을 음악으로 풀어냈다.

　나는 임윤찬의 표정과 몸짓, 치밀한 건반 타격과 페달링을 놓치지 않으려 온 정신을 집중한다. 어느덧 그는 내게 미켈란젤로의 다비드처럼 '완벽한 비율'을 가진 존재로 보인다. 시간 감각은 사라지고 온몸에 전율만 남는다. 마치 하르트만의 전시장을 누비다 마지막 대문 앞에서 함께 환희를 외치는 느낌이 이런 것일까.

## 피아노가 이어주는 이야기, 끝나지 않을 크레센도

　산토리홀에서 리스트, 광주에서 무소르그스키, 그리고 영화 속 라흐마니노프. 나는 임윤찬이라는 피아니스트가 보여 주는 여러 얼굴을 확인한다. 콩쿠르의 승부사이자 리스트의 낭만적 천재, 그리고 러시아 음악의 색채화가. 한 장르나 시대에 갇히지 않고 문학, 미술, 역사를 피아노로 표현해 내는 예술가다.

　이런 장면들을 이어 붙이면, 나 역시 하나의 '크레센도'를 경험하는 셈이다. 작은 호기심에서 시작해 점점 격렬한 감동에 이르고, 마침내 환희의 절정에 치닫는 과정. 임윤찬의 반 클라이번 실황 음반이나 쇼팽 '에튀드' 앨범을 꺼내 들을 때마다 그 크레센도는 언제든 재현된다.

　영화 〈크레센도〉 속 임윤찬은 카메라를 바라보며 말한다. "음악이 이 세상에서 가장 아름답다고 생각하기 때문에, 그것을 현실 세계로 끌어내는 게 음악가의 사명이라 믿는다." 그가 아직 20대 초반이라는 사실에, 앞으로 펼쳐질 수많은 챕터를 상상하면 가슴이 뛴다.

나 역시 그를 좇아다니며 내 안에 또 다른 크레센도를 만들어 간다. 처음엔 어린 천재에 대한 호기심이었지만, 이제 그의 음악은 내 삶을 풍요롭게 해 주는 커다란 파도가 되었다. 실패한 티켓팅에 좌절하다가도, 음반이나 유튜브 영상을 틀면 마음이 다시 힘을 얻는다. 작은 두근거림이 거대한 파동이 되어 나를 흔드는 것이다.

그리고 어쩌면 이 책이 출간될 즈음, 나는 또 다른 임윤찬의 무대를 만나게 될지도 모른다. 한 장의 티켓을 들고 가슴 벅찬 설렘으로 공연장에 들어설 것이고, 그는 미지의 레퍼토리로 무대를 가득 채워 나를 또다시 전율케 할 것이다.

그 순간 새로운 크레센도가 시작될 것이다.

내 건반 위에 머문 한 장의 기억.
반 클라이번의 무대는 끝났지만,
임윤찬의 크레센도는 지금도 계속되고 있다.

▷ 라흐마니노프: 피아노 협주곡 3번 D단조, Op.30
출처_ 반 클라이번 재단

SCENE 01

## 크레센도의 또 다른 이름,
## 조성진과 협연의 예술

나는 종종 카세트 테이프로 음악을 즐긴다.
2015년 쇼팽 콩쿠르 실황 앨범. 건반 위, 몰입에 잠긴 조성진.
그날 이후, 세계는 이 청년의 피아노를 기억하게 되었다.

예술은, 내 안의 시간을 깨운다

조성진의 연주는 '맑고 투명하다'는 평을 넘어서, 오케스트라와의 교감을 통해 한층 깊은 음악의 세계로 나아간다.

이 글에서는 2023년부터 2024년에 걸쳐 서울에서 열린 세 차례 협연 무대를 중심으로 '협주곡 무대에서 빛나는 조성진의 또 다른 얼굴'을 이야기하고자 한다. 리사이틀(독주)과 달리 협연은 지휘자와 오케스트라와의 '대화'가 음악의 생명선이 된다. 피아니스트 혼자 모든 음을 만들어 내는 게 아니라, 주고받는 말처럼 수시로 호흡을 맞추기 때문이다. 그리고 그 대화가 성공적으로 이루어지는 순간, 마치 무대 위 소리들이 하나의 유기체처럼 움직이며 객석을 감싸는 묘한 마법이 펼쳐진다. 조성진은 이 '대화의 예술'을 누구보다 능숙하게 펼치는, '대화하는 피아니스트'다.

## 눈빛으로 오가는
## 음악의 대화

1548년 창단된 드레스덴 슈타츠카펠레는 세계에서 가장 오래된 오케스트라 중 하나로, 리하르트 바그너와 리하르트 슈트라우스가 직접 지휘봉을 잡았던 전통 깊은 악단이다. 2012년부터 정명훈을 첫 수석 객원지휘자로 맞이해, 말러 교향곡 전곡 연주 프로젝트 등 오랜 시간 깊은 음악적 호흡을 나누고 있다.

정명훈이 이끄는 475년 역사의 드레스덴 슈타츠카펠레와 조성진.
차이콥스키의 낭만적 울림으로 무대를 가득 채웠다.

2023년 3월, 정명훈이 이끄는 드레스덴 슈타츠카펠레와 조성진의 협연. 이번 협연의 메인곡인 차이콥스키의 '피아노 협주곡 1번'은 초연 당시 "한 음표도 고칠 수 없다"는 극찬을 받았을 만큼 러시아적 낭만과 극적 격정이 공존하는 명곡이다.

나는 좋아하는 지휘자의 공연일 때 종종 합창석을 선택하곤 한다. 그곳에선 지휘자, 오케스트라, 협연자의 시선 교환이 한눈에 들어오기 때문이다. 실제로 조성진과 정명훈이 아이 컨택을 나누는 순간, '음악적 대화의 현장'이 밀려온다.

조성진은 우렁찬 오케스트라와 경쟁하듯 맞서기보다는 함께 숨 쉬며 음악을 쌓아 올린다. 그의 터치는 투명하면서도 깊다. 차이콥스키가 요구하는 화려한 패시지passages(연주자가 고도의 기술로 소화해야 하는 복잡하고 화려한 구간)를 헤쳐 나가면서도, 2악장에서는 오케스트라에 '몸을 살짝 기울이는' 듯한 호흡이 느껴진다.

관객 입장에서는 하나의 거대한 파도를 보면서도 그 안에 숨겨진 섬세한 물결 하나하나까지 놓치지 않는 기분이다. 협연이 끝난 뒤, 드레스덴 슈타츠카펠레가 이어서 들려준 슈베르트의 '미완성 교향곡'과 베버의 '마탄의 사수' 서곡도 훌륭했지만, 그날 가장 강렬하게 남은 장면은 조성진과 정명훈이 만들어낸 '눈빛 하나로 음악이 오가는' 순간이었다.

#### 2023년 3월 6일 페이스북에 남긴 기록

조성진 협연 '차피협 1번', 이어지는 슈베르트 '미완성' & 베버 '마탄의 사수' 서곡의 한 줄 감상평은 '음악적 희열'이다.
합창석에 앉아 봤기 때문에 연주 중 피아노에 기댄 정명훈과 조성진의 아이 컨택을 온전히 느낄 수 있었다. 독일식 악기 배치라고 해야 하나? 내 시선 오른쪽에 위치한 콘트라바스의 열정적 연주를 보며 쥐스킨트 소설 속 몇몇 독백 장면이 떠올랐다.
이번 공연도 어김없이 터진 핸드폰 벨 소리. 어라? 근데 너무 절묘한 타임이다. '마탄의 사수' 클라이맥스 넘기 직전 사일런스에서 울렸다. 그 소리가 멈추자마자 마에스트로 정명훈의 유려한 몸놀림이 시작됐다. 정 마에께서 3.5초의 간극을 창조했으리라. 절묘했다.

▷ 차이콥스키: 피아노 협주곡 1번 Bb단조, Op.23
출처_도이치 그라모폰

### 낭만의 속삭임이
### 피어나다

도쿄 필하모닉은 일본에서 가장 오래된 오케스트라 중 하나로, 정명훈과는 20년 넘게 특별한 인연을 이어 왔다. 2002년부터 2004년에 걸쳐 베토벤 교향곡 전곡을 무대에 올리며 일본 관객에게 거대한 '베토벤 월드'를 선사한 것을 두고, 정명훈은 "도쿄 필과 서로를 알아 가던 연애 시절"이었다고 부른다.

그 인연이 쌓이고 쌓여 정명훈이 '명예 음악감독'이 된 뒤 무려 19년 만에 도쿄 필하모닉과 함께 내한 공연을 가졌다는 사실만으로도 이날 공연은 의미가 컸다. 게다가 협연자로 조성진이 함께하니, 기대는 더 클 수밖에 없었다.

이날 조성진이 협연한 곡은 슈만의 '피아노 협주곡 A단조 Op.54'. 1845년 클라라 슈만을 위해 작곡된 이 작품에는 슈만 특유의 낭만적 서정과 불안, 그리고 감미로운 열정이 교차한다. 조성진은 첫 부분부터 감정을 지나치게 폭

정명훈과 도쿄 필하모닉,
20년 넘게 이어온 인연.
그들이 서울에서 조성진과 함께
다시 만났다.

발시키지 않고, 절제 속 우아함을 발산한다. 특히 2악장 인터메조Intermezzo(간주곡)에서 피아노와 첼로가 '부부의 속삭임(로베르트 슈만과 클라라 슈만의 속삭임)'처럼 은밀하면서도 다정한 대화를 주고받을 때 도쿄 필하모닉의 감성적인 반응이 더해져 '공감각적 서정'이 한층 빛났다.

슈만 협주곡 이후, 앙코르로 이어진 슈만 '트로이메라이'와 하이든 '피아노 소나타' 역시 매력적이다. 낭만과 고전이 교차하며 마치 하나의 공연 안에서 여러 시대를 왔다 갔다 하는 듯한 감각을 선물했다.

내가 도쿄 필하모닉의 첫인상을 '샤이한 모범생'이라고 기억하듯, 이들은 무대 위에서 열정적 연주를 펼치면서도, 조성진에겐 한발 다가서고 한발 물러나는 세심함을 보였다. 그 모습을 정명훈의 지휘가 든든히 받쳐 주면서, 공연장에는 전체적으로 가족적이고 따뜻한 공기가 감돌았다.

### 2024년 5월 8일 페이스북에 남긴 기록

어제 정명훈, 도쿄 필, 조성진 협연에 달려갔다. 정 마에는 도쿄 필과 20년 넘게 관계를 유지하며 현재 명예 음악감독이다. 도쿄 필과 갖는 공식 내한 공연은 무려 19년 만이란다.
프로그램 북에 이런 이야기가 있다. "교향곡 운명과 합창은 정명훈과 도쿄 필이 2002년부터 2004년에 걸쳐 연애 시절처럼 서로를 알아 가던 때를 회상하는 작품이다."
어제는 베토벤 교향곡 5번 '운명'이었다. 도쿄 필은 처음 접했는데 딱 샤이한 모범생 느낌이었다. 연주 때는 열정적, 정 마에가 소개하거나 퇴장 때 모습은 딱 일본스러운 샤이.

▷ 슈만: 피아노 협주곡 A단조, Op.54
출처_ 한경arteTV

## 테니스 랠리로 주고받는 베토벤

사이먼 래틀은 2017년 베를린 필하모닉, 2022년 런던 심포니 등 세계적인 무대에서 이미 조성진과 협연을 이어 왔다. 현대음악부터 고전음악까지 폭넓은 스펙트럼을 지닌 그는, 솔리스트의 '음악적 색채'를 최대치로 끌어낸다는 평을 듣는다.

2024년 9월, 그는 독일 3대 명문 오케스트라 중 하나인 바이에른 방송교향악단(BRSO)의 새 상임 지휘자가 되었고, 같은 해 11월 서울 무대에서 베베른 '오케스트라를 위한 6개의 소품', 브루크너 '교향곡 9번', 그리고 조성진과 함께한 베토벤 '피아노 협주곡 2번'을 선보였다.

공연을 앞두고 가진 기자회견에서 래틀은 조성진과의 협연을 "테니스 경기 같다. 윔블던처럼 긴장감 있는 랠리를 펼친다"라고 비유했다. "서브가 너무 빠르면 오케스트라가 놓치기 쉬운데, 조성진은 자연스럽게 멜로디를 건네고 우리가 그걸 다시 돌려줄 수 있게 해준다"며 극찬을 아끼지 않았다.

베토벤 피아노 협주곡 2번은 실제로 작곡 순서상 '첫 협주곡'이지만, 출판 시기의 차이로 '2번'이라는 번호가 붙었다. 음악사적으로는 모차르트의 영향이 곳곳에서 느껴지면서도 청년 베토벤이 자기 정체성을 고민하고 찾는 흔적이 엿보인다고들 한다.

조성진은 이 곡에서 차이콥스키나 슈만 때와는 또 다른, 맑고 고전적인 면을 부각하는 듯했다. 래틀이 말한 '테니스 랠리'처럼, 오케스트라와 멜로디 라인을 주고받는 흐름이 아주 선명했다. 조성진의 터치는 자연스럽게 오케스트라 사운드에 녹아들며 서브와 리턴을 자유자재로 주고받는 모양새랄까.

사이먼 래틀과 조성진의 음악적 인연.
이번에는 바이에른 방송교향악단과 함께했다.

사이먼 래틀과 조성진의 기자회견 중.
'윔블던처럼 긴장감 있는 멜로디 랠리'.
래틀은 두 사람의 호흡을 이렇게 표현했다.

이어진 안톤 베베른의 '오케스트라를 위한 6개의 소품'과 안톤 브루크너 '교향곡 9번'까지 마무리되자, 나는 현대와 고전이 겹쳐지는 시간을 관통했다는 묘한 감각에 젖었다. 음악의 진동은 집에 돌아가는 지하철 안까지도 여운을 끌고 왔다.

### 2024년 11월 27일 페이스북에 남긴 기록

사이먼 래틀이 말했다.
"마치 테니스 경기 같지만 공을 계속 주고받아야 한다는 점에서 좀 다르죠. 윔블던 경기처럼 느껴지기도 해요. 서브가 너무 빨라 오케스트라가 따라잡지 못하는 경우도 있거든요. 그런데 성진은 너무 자연스럽게 멜로디 라인을 우리에게 건네주고 우리가 다시 그걸 돌려줄 수 있게 만드는 거예요. (중략) 성진이 칭찬을 싫어하는 걸 알지만 칭찬이 필요하면 해야죠."
조성진이 말한다. "저 칭찬 알레르기 있잖아요."(^^)
기자회견 때 인터뷰 내용이다. 베토벤 피아노 협주곡 2번에서 그대로 보여줬다. 그래서 조성진이다.
작년 9월부터 사이먼 래틀은 바이에른 방송교향악단을 이끌고 있는데 안톤 베베른의 '오케스트라를 위한 6개의 소품'과 안톤 브루크너의 '교향곡 9번'을 연주했다.
난 그 여운을 집에 오는 지하철에서 브루크너로 달래고 집에 와서 베베른을 들었다. 물론 사이먼 래틀 지휘 버전으로 들었다.

▷ 베토벤: 피아노 협주곡 2번 Bb장조, Op.19
   출처_ 마린스키 극장

## '대화하는 피아니스트'가
## 만들어 낸 다리

    세 번의 협연 무대에서 만난 조성진은 리사이틀에서 보여 주던 깔끔하고 독보적인 테크닉에 더해, 오케스트라라는 상대와 끊임없이 호흡하며 음악을 함께 완성해 가는 연주자라는 인상을 짙게 남겼다.
    차이콥스키의 화려함, 슈만의 내밀함, 베토벤의 고전적 품격까지 각기 다른 시대, 분위기의 작품이었음에도 그 중심을 꿰뚫는 공통점은 '오케스트라와의 대화'였다.
    나는 조성진의 솔로 무대도 여러 번 봐 왔다. 그때는 피아노 혼자 거대한 에너지를 발산하며 공연장을 채우는 모습에 감동했다. 그러나 협연 무대 위에서는 상대와 주고받는 호흡, '내가 조금 물러서면 저쪽이 다가오는' 밀당의 묘미가 한층 도드라진다. 독백과 대화, 그 미묘한 차이를 조성진은 너무도 능숙하게 넘나든다.
    물론 이 여정은 아직 현재 진행형이다. 다음에는 또 누구와 어떤 협주곡을 들고 나타날까? 생각만으로도 내 마음은 설렘으로 가득하다. 그리고 그때마다 나는 조성진이 새로 지어 올린 '음악의 다리'를 건너, 한 번도 보지 못한 풍경을 마주하게 될 것이다.
    '음악은 결국 대화를 위한 언어다. 리사이틀이 혼잣말이라면, 협연은 둘 이상이 함께 나누는 이야기다. 조성진은 그 대화 속에서 자신의 피아노를 하나의 목소리로 자연스럽게 어울리게 만든다.'
    이것이 세 번의 협연을 지켜본 내가 내린 조성진에 대한 가장 솔직한 정의다. 그리고 이 정의는 앞으로도 계속 확장되고 진화해 갈 것이다.

2023년 3월.
정명훈과
드레스덴 슈타츠카펠레,
조성진 협연

2024년 5월.
정명훈과
도쿄 필하모닉 오케스트라,
조성진 협연

2024년 11월.
사이먼 래틀 경과
바이에른 방송교향악단,
조성진 협연

조성진은 '소리를 내는 데서 멈추지 않고, 상대방의 소리를 예민하게 듣고, 그 말 위에 자신의 이야기를 더한다'는 사실을 무대마다 증명해 보이고 있다. 음악은 결코 독백만으로 완성되지 않는다는 것을, '대화하는 피아니스트' 조성진이 섬세한 감각으로 보여 주는 셈이다.

앞으로도 그는 수많은 지휘자, 오케스트라와 손잡고 새로운 음악적 대화를 써 내려갈 것이다. 그리고 그때마다 나는 한 번도 경험하지 못한 울림을 만나게 될 것이다.

"음악은 내가 무언가를 표현하는 동시에 누군가가 내 말을 받아들이고,
다시 그 말을 건네줄 때 비로소 완성된다."

- 조성진

---

세 번의 협연. 독주보다 깊은 '대화'가 교차하는 무대에서,
조성진은 자신의 피아노를 '하나의 목소리'로 자연스레 섞어 낸다.

SCENE 01

# 32개의 튀튀TuTu, 하나의 호흡
### 발레 군무의 대서사시를 찾아서

사진 제공_ 국립발레단

발레 군무 장면.
무대 위 수많은 무용수가 '하나의 호흡'으로 움직이는 순간,
인간이 만들어 낼 수 있는 가장 섬세한 언어를 마주하는 기분이다.

예술은, 내 안의 시간을 깨운다

"발레는 무용수가
몸으로 표현하는 언어다"

독일 함부르크 발레단 예술감독 존 노이마이어의 이 말처럼, 발레는 몸짓으로 이야기를 쓰고 감정을 전달하는 예술이다. 그리고 그 움직임의 정점에는 군무(코르 드 발레, Corps de Ballet)가 있다.

흔히 '발레' 하면 주연 무용수의 화려한 테크닉을 먼저 떠올리곤 하지만, 여러 무대를 접하면서 오히려 군무가 만들어 내는 압도적 조화에 더 깊이 매료되었다. 서로 다른 개성을 지닌 무용수 수십 명이 한 몸처럼 움직일 때, 인간의 신체가 예술로 승화하는 마법 같은 순간이 펼쳐진다.

발레 공연을 예매할 때마다, 나는 늘 어디에 앉을지부터 고민한다. 1층 앞열에 앉으면 무용수들의 호흡과 표정, 발끝이 바닥을 스치는 미세한 소리를 온몸으로 느낄 수 있다. 작은 근육의 떨림까지 포착되어 극도로 몰입된다.

2층 앞 열에서는 무용수들의 전체 포메이션과 지휘자, 오케스트라의 움직임까지 입체적으로 감상할 수 있다. 발레리나, 발레리노의 움직임이 오케스트라의 연주 퍼포먼스와 하모니를 이루는 무대는 발레 공연의 또 다른 감상 포인트다.

어느 좌석을 선택하든 티켓을 예매하는 순간부터 가슴이 뛴다. 무대가 열리기 직전, '이번에는 어떤 풍경과 마법이 펼쳐질까?' 하고 상상하는 그 순간이 이미 공연의 일부처럼 느껴진다.

  이 글에서는 내가 인상 깊게 본 발레 작품들을 소개하려 한다. 고전 발레의 정수 '백조의 호수', '지젤', '라 바야데르', 그리고 숨은 보석 같은 '파키타'까지, 무대 위 군무가 들려주는 대서사시를 따라가 보려 한다.

### 백조의 호수,
### 혹한의 러시아에서 만난 정밀함과 숭고함

  내가 상트페테르부르크를 처음 방문한 가장 큰 이유는 바로 발레 공연과 에르미타주 미술관 때문이었다. 화려한 궁전 건축과 유서 깊은 예술이 넘치는 도시. 특히 영하 20도를 웃도는 혹독한 겨울을 뚫고 극장으로 향했던 건, 이곳에서만 느낄 수 있는 정통 러시아 발레의 정수를 기대했기 때문이다.

상트페테르부르크의 겨울 풍경과 토브스토노고프 볼쇼이 극장.
영하 20도의 혹독한 추위를 뚫고 극장의 문을 여는 순간, 바깥 날씨가 무색할 만큼 뜨거운 무대가 나를 맞이한다.

'백조의 호수'.
1877년 모스크바 볼쇼이 극장에서
처음 선보인 당시 광고 이미지.
초연은 성공적이지 못했지만,
훗날 고전 발레의 상징이 된다.

'백조의 호수'는 작곡가 표트르 일리치 차이콥스키의 첫 발레 음악이다. 마법에 걸려 백조로 변한 공주 '오데트', 그 저주를 풀려는 왕자 '지그프리트', 그리고 검은 백조 '오딜'과 악당 '로트바르트'가 얽힌 동화적인 서사가 특징이다.

1877년 모스크바 볼쇼이 극장에서 처음 선보인 당시에는 큰 주목을 받지 못했으나, 1895년 마리우스 프티파와 레프 이바노프가 상트페테르부르크 마린스키 극장에서 재안무한 버전이 대성공을 거두며 고전 발레의 상징으로 자리매김했다.

상트페테르부르크 레오니드 야콥손 발레단의 '백조의 호수'를 관람했을 때, 2막에 등장하는 32마리 백조의 군무에 압도당했다. 어깨부터 팔, 손끝까지 날갯짓을 흉내 내는 포르 드 브라 Port de bras의 디테일이 모두 한결같아, 마치 진짜 백조들이 호수 위를 유영하는 듯한 착각이 들었다. 작은 호흡과 떨림마저 동일하게 맞출 때, '인간의 몸이 이렇게까지 정교해질 수 있나?' 하는 경이감을 느꼈다.

특히 '네 마리 백조의 춤 Pas de Quatre'은 작은 동작 하나라도 어긋나면 모두가 흐트러지기 때문에, 성공적으로 마친 뒤 터져 나오는 관객들의 "브라보!"

출처_ 레오니드 야콥손 극장

'백조의 호수' 2막 군무 장면. 하나의 생명체처럼 흐르는 백조들의 움직임에서, 인간이 만들어 낼 수 있는 정교함의 극치를 마주한다.

사진 제공_ 국립발레단

'네 마리 백조의 춤' 장면. 네 명이 손을 교차해 잡고 작은 점프와 발 동작을 일제히 맞추는 고난도 군무. 단 한 명이라도 어긋나면 전체 조화가 흔들린다.

소리는 무대의 정적과 극적인 대조를 이룬다. 마지막에 주연 발레리나가 32회 푸에테Fouetté를 깔끔하게 마치면, 극장을 가득 메웠던 긴장감이 한순간에 터지며 폭발적인 기립박수가 쏟아진다.

러시아 발레는 개성과 더불어 완벽한 앙상블을 추구하기로 유명하다. '32마리 백조'가 팔 동작과 시선까지 일제히 맞춰 한 몸처럼 흐를 때, '이것이야말로 러시아 발레의 정수'라는 생각에 누구나 고개가 절로 끄덕여질 것이다.

 ▷ '백조의 호수' 2막 군무 하이라이트
출처_ 마린스키 발레단

 ▷ '백조의 호수' 네 마리 백조의 춤
출처_ 국립발레단

 ▷ '백조의 호수' 푸에테
출처_ 마린스키 발레단

---

### 발레 용어 해설

**포르 드 브라(Port de bras)**
'팔의 흐름'이라는 뜻으로, 상체와 팔을 우아하게 움직이는 동작. 백조들의 날갯짓 표현의 핵심이다.

**푸에테(Fouetté)**
한 다리를 축으로 연속 회전하며, 다른 다리를 채찍처럼 움직여 회전력을 얻는 기교. 32회 푸에테는 '백조의 호수'의 전통적 하이라이트로 관객에게 전율을 안긴다.

이미지 생성_ AI

## 지젤, 24명 윌리들의 슬픔과 환상

'지젤'은 작곡가 아돌프 아당, 그리고 장 코랄리, 쥘 페로가 안무를 맡아 탄생한 19세기 낭만 발레의 걸작이다. 시골 처녀 지젤이 귀족 알브레히트를 사랑하지만, 그에게 이미 약혼녀가 있음을 알고 충격으로 죽음을 맞이한다. 결혼 전에 죽은 처녀의 영혼 '윌리'가 되어 밤마다 남자를 춤추게 하여 죽음에 이르게 한다는 초자연적 설정이 흥미롭지만, 결국 지젤은 사랑으로 알브레히트를 구원한다.

1막의 인간적 비극과, 2막의 유령적 세계관이 선명하게 대비되며 서정적 음악과 함께 낭만 발레의 핵심을 보여 준다.

30년 만에 '지젤'과 함께 내한한 파리 오페라 발레단(POB). 6명의 에투알 캐스팅은 이 공연의 무게감을 더했다. 지젤 2막에 24명의 윌리가 달빛을 배경으로 무대를 가득 메우는 장면은 그야말로 압권이었다. 이들은 발끝을 모은 채 빠르게 이동하는 '부레Bourrée' 동작으로 무대 위를 낮게 깔리는 안개처럼 유영한다.

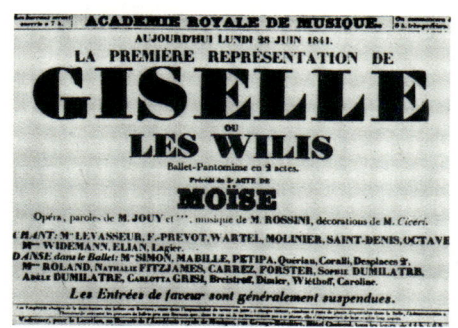

'지젤' 초연 당시 신문 광고. 1841년 파리 오페라 발레단이 살레 르 펠티에서 선보인 첫 무대를 알리는 홍보물.

파리 오페라 발레단의 30년 만의 내한 공연.
티켓팅에 성공한 순간부터 이미 내 마음은 무대에 올라 있다.

    포인트 슈즈의 앞부분을 이용해 거의 땅에 닿지 않는 듯한 환상을 만들어 낸다. 여기에 긴 종 모양의 '로맨틱 튀튀'가 겹겹이 흩날리면서, 관객에게 '정말 영혼이 떠다니는 건가?' 하는 착각마저 선사한다. 이 시각적 효과로 객석에 있던 나 역시 윌리들 사이에 포위된 느낌에 휩싸이며 현실과 꿈의 경계를 허물게 한다.
    러시아 발레가 테크닉과 각도의 일체감을 강조한다면, 프랑스 발레는 섬세한 감정 표현을 중시한다. 24명 윌리 모두가 같은 동작을 하면서도 표정이나 시선에 미묘한 차이를 둔다. 슬픔과 원한, 연민이 한데 뒤엉켜 모두가 하나이면서도 각자의 이야기를 담아내는 군무. 발끝에서 퍼져 나오는 서늘함과 환상이 지젤 2막의 클라이맥스를 이끈다.

파리 오페라 발레단 '지젤' 내한 공연. 프랑스 특유의 섬세한 감정 표현이 무대 위에 스며든다.

사진 제공_ 국립발레단

'지젤' 2막 군무. '로맨틱 튀튀'를 입은 윌리들이 달빛 아래서 발끝으로
미끄러지듯 움직일 때, 무대 전체가 초현실적인 분위기로 채워진다.

▷ '지젤' 2막 윌리 군무 하이라이트
　출처_ 파리 오페라 발레단

---

**발레 용어 해설**

**부레(Bourrée)**
발끝을 모은 채 매우 빠르게 움직이는 스텝.
땅에 닿지 않는 듯한 환상을 만들어 낸다.

**로맨틱 튀튀(Romantic Tutu)**
낭만 발레 시대에 사용된 긴 종 모양의 드레스.
윌리 군무 같은 초현실적 장면에서 극적 효과를
낸다.

## 라 바야데르,
## 그림자 왕국 속 신비로운 초월

'라 바야데르'는 안무가 마리우스 프티파, 작곡가 레온 민쿠스가 만든 19세기 발레 황금기의 대표작 중 하나다. 1877년 상트페테르부르크의 마린스키 극장에서 초연된 이 작품은, 인도 사원의 무희 '니키아'와 전사 '솔로르'의 비극적 사랑, 그리고 공주의 질투가 얽혀 있다. 당시 유럽에서 유행하던 오리엔탈리즘 Orientalism(19세기 유럽에서 중동, 아시아를 이국적으로 소비하던 문화, 예술 경향. '라 바야데르'의 의상과 무대 전반에 녹아 있다)의 요소가 짙게 깔려 화려한 의상과 이국적 무대가 돋보인다.

이 작품의 백미는 2막 '그림자의 왕국' 군무 장면이다. 솔로르가 아편에 취해 니키아의 영혼을 환각 속에서 본다는 설정으로, 고전 발레사에서 손꼽히는 명장면으로 유명하다.

서울 예술의전당 무대에서 본 '라 바야데르'는 파리 오페라 발레단 에투알 박세은과 마린스키 발레단 수석 김기민의 특별 출연으로 큰 화제를 모았다. 물론 그들의 연기는 흠잡을 데 없는 세계 최고였지만, 내 시선은 2막에서 서서히 모습을 드러내는 32명의 '그림자의 왕국'에 온통 가 있었다.

눈부신 흰 의상을 입은 무용수들이 줄지어 등장해, 반복적인 아라베스크 Arabesque 포즈를 반복하며 계단을 미끄러지듯 내려온다. 상체를 곧게 세우고 한 다리를 뒤로 길게 뻗어 균형 잡힌 실루엣을 만들어 내는 이 동작이 32명에게서 일제히 뻗어 나올 때 객석에서는 절로 낮은 탄식과 감탄이 새어 나온다.

오케스트라는 잔잔하고 느린 선율을 연주하고, 군무는 한 걸음 한 걸음을 신중히 내려옴에도 포즈의 완벽한 반복이 만들어 내는 파동이 객석과 무대

사진 제공_ 국립발레단

'그림자의 왕국' 장면. 무희 니키아의 영혼이 머무는 환상의 세계로, 무용수들이 한 명씩 아라베스크를 반복하며 계단을 내려오는 모습이 끝없이 이어진다.

국립발레단 '라 바야데르' 공연. 파리 오페라 발레단 에투알 박세은과
마린스키 발레단 수석 무용수 김기민이 함께 무대에 서는 흔치 않은 조합.
세계가 주목하는 두 스타의 호흡이 관객을 사로잡았다.

를 모두 몽환으로 감싼다. '백조의 호수'의 정교함, '지젤'의 낭만적 환상과는 또 다른 숨이 멎는 듯한 고요함이 무대를 감쌌다. 그 순간, 시간마저 느리게 흐르는 듯한 착각에 빠진다.

▷ '라 바야데르'의 '그림자의 왕국'
출처_ 국립발레단

---

**발레 용어 해설**

**아라베스크(Arabesque)**
상체를 세우고 한 다리를 뒤로 길게 뻗는 발레의 대표 포즈. '그림자의 왕국'에서 이 동작을 반복해 환상미를 극대화한다.

## 파키타, 16명의 군무가 펼치는 화려한 축제

'파키타'는 나폴레옹 시대의 스페인을 배경으로 한 로맨틱 발레다. 집시 소녀 파키타가 사실은 귀족 가문의 딸임이 밝혀지고, 귀족 장교 루시앵의 목숨을 구하며 해피엔딩으로 이어지는 낭만적 로맨스다.

이 작품은 '바리에이션Variation(독무)'과 16인 군무가 번갈아 등장하며 화려한 춤과 기교를 한껏 뽐내기로 유명하다. 3대 군무 명작에는 포함되지 않지만, 종합 선물 세트처럼 다채로운 군무와 기교를 한자리에서 볼 수 있어 개인적으로 애정하는 작품이다.

현대적인 바스티유 극장은 2층 앞 열에서 보면 무대 전체가 한눈에 들어와 군무 감상에 제격이다. 지휘자의 손짓에 따라 오케스트라의 음이 조각조각 쌓이고, 그 흐름에 맞춰 무용수들이 포메이션을 바꿔 나갈 때 느끼는 쾌감은 상당하다.

3막의 '그랑 파 클라시크Grand pas classique'에서 주연 커플의 '파 드 되Pas de deux'가 끝난 뒤, 16명의 무용수가 무대를 가득 채우며 은빛 물결 같은 대형을 만든다. 이어서 무용수들이 사슬을 엮듯 빠르게 회전하는 '슈네Chainé'로 공간을 가로지를 때 객석에서는 탄성이 터져 나온다.

화려한 스페인풍 의상과 경쾌한 음악이 더해져, 이 장면은 마치 거대한 축제 같다. 군무가 주연을 떠받치고, 다시 주연이 군무를 이끄는 유기적 순환 속에서 작품 전체는 폭발적인 에너지를 뿜어낸다.

'백조의 호수'가 서정적 정교함을, '지젤'이 낭만적 몽환을, '라 바야데르'가 초월적 명상을 보여 준다면, '파키타'는 찬란하고 경쾌한 기쁨으로 관객을 사

바스티유 극장. 1989년 완공된 현대식 건물로, 오페라 가르니에와 함께 파리 오페라 발레단의 주요 무대다.

바스티유 극장 '파키타' 커튼 콜 장면.

'파키타'. 1846년 파리 오페라 발레단에서 초연된 고전 작품이 현대적으로 되살아난 순간. 극장 앞은 공연 전 설렘으로 가득 찬다.

'파키타' 3막 '그랑 파 클라시크'. 고요한 군무 속에서 튀튀는 질서와 아름다움의 언어가 된다.
출처_ '파키타 프로그램 북', 파리 오페라 발레단.

 ▷ '파키타'의 '그랑 파 클라시크'
출처_ 파리 오페라 발레단

## 발레 용어 해설

**바리에이션(Variation)**
고전 발레에서 솔리스트가 추는 독무. 주로 파 드 되 뒤에 등장해 기교와 개성을 극적으로 드러낸다.

**파 드 되(Pas de deux)**
일반적으로 남성과 여성 무용수가 함께 춤추며, 남성이 여성 무용수를 지지하고 리프트 하는 동작이 포함된다. 발레의 기술적 어려움과 아름다움을 동시에 보여주는 중요한 요소다.

**그랑 파 클라시크(Grand Pas Classique)**
작품에서 가장 화려하고 기교적인 하이라이트 장면. 군무, 솔리스트, 주연 모두가 총출동해 발레 기술의 정수를 뽐낸다.

**슈네(Chainé)**
발을 빠르게 모아 연속 회전하는 기술. 사슬(chain)처럼 이어진다는 뜻에서 유래했다.

로잡는다. 각각 색채가 달라도, 결국 군무라는 공통분모가 만들어 내는 '단체의 조화'는 발레를 완성하는 핵심 요소임을 다시금 깨닫게 해 준다.

## 예술과 삶을 잇는
## 하나의 호흡

'백조의 호수', '지젤', '라 바야데르'는 각각 32명, 24명, 32명의 군무를, '파키타'는 16명의 군무를 내세워 수십 개의 몸이 하나로 움직이는 황홀한 순간을 선사한다.

'지젤'(1841), '파키타'(1846), '라 바야데르'(1877), '백조의 호수'(1877/재안무 버전 1895)는 모두 19세기 발레 황금기를 대표하는 작품들로, 낭만주의에

'백조의 호수', '지젤', '라 바야데르'의 군무 장면들. 작품별 시대와 배경은 다르지만, '완벽한 조화'라는 본질을 공유한다.

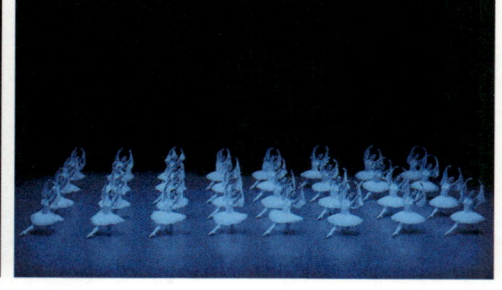

발레 프로그램 북. 책장을 펼칠 때마다 내 발레 여정의 지도가 되어 준다.

서 고전주의, 오리엔탈리즘까지 스펙트럼은 다르지만, 군무라는 무대 언어 안에서 '인간이 만들어 낼 수 있는 가장 절묘한 합주'로 피어난다.

수십 벌의 튀튀가 일제히 움직이는 그 '한 호흡'의 장면은, 예술이 인간의 몸을 통해 어디까지 정교하고 아름답게 표현될 수 있는지를 보여 준다. '백조의 호수'의 정교함, '지젤'의 낭만적 몽환, '라 바야데르'의 초월적 세계, '파키타'가 생기 넘치는 축제를 펼쳐 보이지만, 결국 군무가 모일 때 가장 극적인 정점을 맞이한다.

공연장에서 좋은 자리를 잡고 막이 오르기를 기다리는 시간은 늘 설렘으로 가득하다. 지금도 발레 공연 예매창을 띄워 놓는 순간부터 벌써 '이번에는 어느 좌석에서 그 마법을 볼까?' 하며 가슴이 뛴다. 티켓을 예매하는 순간부터 이미 무대가 열린 듯한 설렘이 시작되는, 그것이 내가 발레 공연을 찾고, 사랑하는 이유다.

**현대 발레, 또 다른 시선의 만남**

원전의 현대적 해석,
앙줄랭 프렐조카주의 '백조의 호수'

2023년 늦은 봄, LG아트센터 무대에서 만난 프렐조카주의 '백조의 호수'는 고전의 상징적 작품을 환경문제라는 동시대적 화두로 재구성해 화제를 모았다.

프렐조카주는 원전의 줄거리를 유지하면서도, '인간이 스스로 파괴한 자연에서 백조는 어떻게 살아남을 것인가'라는 질문을 무대 전면에 내세웠다. 조명과 무대 디자인 역시 산업화로 훼손된 물과 대지를 연상시키는 요소가 도드라져, 사랑과 구원의 서사 위에 현시대의 문제의식을 얹어 놓은 점이 인상적이었다.

안무에서도 클래식 판 '백조의 호수'에서 익숙한 '포르 드 브라'나 '푸에테'를 프렐조카주 특유의 현대 무용적 움직임을 대담하게 접목해 또 다른 생동감을 불어넣었다. 절정 장면에서는 오케스트라 대신 전자 음향이 무대를 채우며, 기존 '백조의 호수'와는 전혀 다른 이미지를 완성한다.

그날, 내 옆자리에는 피겨스케이팅 선수 차준환이 앉아 있었다. 숨소리가 들릴 정도로 가까운 거리에서 똑같이 감탄사를 내뱉고 박수를 치다 보니, 뜻밖의 즐거움이 배가되었다. '이런 게 세렌디피티구나.' 공연 자체도 놀라웠지만, 예기치 않은 동반자와의 감상이 더욱 잊지 못할 추억이 되었다.

▷ 프렐조카쥬의 '백조의 호수'
출처_ 발레 프렐조카주

프렐조카주의 '백조의 호수'. 무대 전면 스크린에 투영된 '오염된 물' 이미지를 배경으로, 무용수들이 새롭게 해석된 백조 의상을 입고 있다.

함께 관람한 차준환 선수와.
세렌디피티(Serendipity), 뜻밖의 재미, 기쁨이다.

## 권위를 전복시키다,
## 매튜 본의 'Romeo+Juliet'

2024년 5월 LG아트센터에서 관람한 매튜 본의 'Romeo+Juliet'은 고전 서사인 '로미오와 줄리엣'을 완전히 새롭게 뒤집은 작품이었다.
  중세 베로나가 아닌 사립학교에 갇힌 청소년들이라는 설정이 인상적이다. 어른들의 권위가 무겁게 드리운 그 공간에서, 로미오와 줄리엣은 비밀스럽고 위험한 사랑을 키워 나간다. 비극적 결말은 매튜 본 특유의 블랙 코미디 감각과 결합해 한층 더 강렬해진다.
  매튜 본은 이전에도 '남성 무용수가 백조' 역을 맡은 백조의 호수로 고정관념을 깨뜨리며 주목받았다. 이번 'Romeo+Juliet' 역시 고전 발레 형식보다는 뮤지컬과 연극적인 움직임. 현대 무용의 어법을 유연하게 넘나든다. '발레인가, 현대극인가?'하는 경계를 흐릿하게 만드는 방식이 그만의 시그니처다.
  무용수들의 집단 움직임에서도 고전 발레 군무가 보여 주는 '하나의 호흡'과는 다른, 보다 날것의 감정이 실린 퍼포먼스가 돋보인다. 무대, 조명, 의상이 한데 어우러지며 관객에게 새로운 충격과 몰입감을 선사한다.

매튜 본의 'Romeo+Juliet' 무대. 사립학교 혹은 교정 시설을 연상시키는 단조로운 건물 세트 뒤편에서, 젊은이들의 위험한 사랑이 펼쳐진다.

 ▷ 매튜 본의 'Romeo+Juliet' 티저
출처_ LG 아트센터

## 고전 발레에서
## 현대 발레로

'백조의 호수'와 '로미오와 줄리엣'처럼 전 세계 관객에게 익숙한 고전들이, 21세기 무대에서 파격적으로 재해석되는 사례가 점차 늘고 있다. 환경 파괴나 청소년 통제 같은 문제의식을 작품 속에 과감히 녹여 내거나, 원작의 시공간을 전혀 다른 방식으로 뒤틀어 보여 주기도 한다.

나는 이 두 공연을 통해 발레가 결코 고정된 양식이 아니라, 시대와 사고의 변화에 맞춰 유연하게 변주되는 예술임을 새삼 깨달았다. 동시에 고전 발레의 언어를, 틀을 깨는 시도로 해체하고 재구성하면서도, '춤으로 인간의 이야기를 전한다'는 본질은 이어진다는 점이 흥미롭다.

고전 발레에서 감동했던 군무의 호흡과는 또 다른 흐름이 현대 발레 무대 위에서도 새로운 방식의 공감을 만들어 낸다. 언젠가 또 다른 무대에서, '어떤 시대적 메시지와 독창적인 안무로 고전이 다시 태어날까?'를 기대하며, 나는 오늘도 예매창을 띄운다.

SCENE 02

# 나는 미술관에서
# 도시를 읽는다

나는 지도가 아닌, 그림 속에서 도시를 만난다.

거리보다 오래 머무는 곳은 미술관이고,

그림 앞에서 도시의 얼굴을 기억한다.

SCENE 02

# 시간의 자화상,
# 화가들이 거울에 비친 자신을 만나다

거울 앞, 자신을 응시한 화가들.
시대와 양식을 넘나드는 자화상 콜라주.
거울 앞에 선 화가들의 다양한 시선이 어지럽게 교차한다.

나는 미술관에서 도시를 읽는다

거울 앞에 선 화가들

자화상 앞에 서면, 나는 종종 나를 보게 된다.
그들이 그린 건 얼굴이 아니라, 침묵 속의 응시였다.
미술관에서 자화상을 만날 때마다, 나는 그 시대의 초상화가 아닌 그 작가의 '내면을 응시하는 눈'을 마주한 듯한 기분이 든다. 그림 속 인물과 시선이 마주치는 그 순간, 화가가 거울을 응시하듯 나 역시 그림을 통해 나를 응시하게 된다.
자화상은 단지 얼굴을 남긴 기록이 아니다. 그건 화가 스스로와 마주한 시간이며, 외면보다 내면에 가까운 정직한 고백이다.

거울 앞에 선 순간,
누구나 잠시 멈춰 선다

거울에 비친 모습이 과연 진짜 나인지, 아니면 내가 보고 싶은 나인 건지 혼란스러울 때가 있다. 화가들에게 거울은 더욱 특별한 장치다. 자신의 내면을 투영하고, 진짜 '나'를 찾아가는 과정이 고스란히 캔버스에 새겨지기 때문이다. 자화상은 그래서 묘한 힘이 있다.
미술사 속 수많은 화가들이 자화상을 그렸다. 르네상스 시대의 알브레히트 뒤러는 자신을 그리스도처럼 묘사하며 '예술가의 신성함'을 주장했고, 빈센트 반 고흐는 강렬한 색채와 붓 터치로 자신의 정신적 고뇌를 캔버스에 토해냈다. 에곤 쉴레는 왜곡된 육체로 인간 실존의 불안을 드러냈고, 앤디 워홀은 자기 이미지를 상품처럼 대량 복제하며 현대 사회의 자아 인식에 도발적인 질문을 던졌다.

이들의 자화상에는 시대와 문화를 넘어서는 공통된 질문이 흐른다. '나는 누구인가?', '나는 어떻게 보이고 싶은가?', '타인의 시선과 내가 느끼는 나 사이에는 얼마나 큰 간극이 존재하는가?' 자화상마다 답은 다르지만, 모든 화가가 그런 근원적 질문에 몰두했다는 점은 같다. 고갱이 타히티에서 그린 자화상은 유럽 문명에 대한 회의와 원시적 자아 탐구가 드러나고, 클림트의 자화상에서는 세기말 비엔나의 장식적 미학과 심리적 복잡성이 교차한다.

결국 자화상이란 '창작자가 거울을 통해 자신을 보는 시선'이자, 관람자가 그 시선을 통해 '화가의 내면'을 다시 들여다보는 독특한 대화이다. 이처럼 화가의 시선이 자기 자신에게 향할 때 어떤 이야기가 펼쳐질까.

이번 여정에서 만나볼 자화상은 렘브란트의 청년, 중년, 노년기 3부작, 그리고 20세기를 대표하는 피카소와 루시안 프로이트의 작품이다. 이들을 통해 '거울 속 나'를 응시하는 화가들의 눈길과, 그들 각자의 시대, 인생이 만든 이야기들을 따라가 본다.

## 불꽃 같은 눈동자, 야망의 청년 렘브란트

암스테르담 국립미술관 Rijksmuseum의 수많은 걸작들 사이를 지나 렘브란트 하르먼손 판 레인(1606-1669)의 자화상을 마주했을 때, 그 청년의 눈빛에 압

작은 액자 속 자화상 앞에서, 도슨트의 손짓이
말을 대신한다. 조용한 관람객들 사이로,
23세 렘브란트의 눈빛이 캔버스를 뚫고 나온다.

명암이 극적으로 대비되는 자화상.
청년 렘브란트의 눈빛에는 야망과 호기심이
뒤섞여 있다.

도되었다.

렘브란트는 네덜란드의 레이덴 출신이다. 레이덴은 16~17세기 학문과 인쇄문화의 중심지로 성장하며 당대 유럽 지식인과 예술가들이 활발히 교류하던 도시였다. 렘브란트는 젊은 시절부터 명암 대비가 뚜렷한 독특한 기법으로 주목받았다.

렘브란트의 청년기 자화상은 생각보다 작은 크기이지만, 그 속에 담긴 에너지가 범상치 않다.

도슨트가 말한다. "이 그림은 크기가 작아요. 그런데 가까이 들여다보면 렘브란트 특유의 빛과 그림자 배치가 놀라운 입체감을 만들어냅니다. 머리카락 쪽만 조명을 받은 듯 환하게 비추고, 반대쪽 얼굴은 어둠 속에 살짝 감추었죠. 이렇게 '부분적인 밝음'으로 시선을 집중시키는 방법이 바로 '키아로스쿠로Chiaroscuro'*의 핵심이에요."

도슨트의 말처럼, 곱슬거리는 금발이 빛을 받으며 실감 나게 표현된 반면, 반대편 그림자의 영역에서는 윤곽이 희미해진다. 그럼에도 청년 렘브란트의 눈빛은 강렬하다. 23세라는 나이가 믿기지 않을 만큼, 그 눈에는 야망과 호기심이 뒤섞여 있다. '나는 앞으로 어떤 길을 가게 될까?', '세상은 내 재능을 알아줄 것인가?'와 같은 질문이 화면 밖으로 뿜어져 나오는 듯하다. 붓 자국은 섬세하기보다는 과감하고, 어둠과 빛이 공존하는 구도가 이미 '명암의 대가'가 될 미래를 예고한다. 이 작은 자화상 속에서 미래의 거장이 조용히 숨을 쉬고 있었다.

---

* 이탈리아어로 '밝음(Chiaro)'과 '어둠(Scuro)'이 결합된 단어다. 명암의 극적인 대비를 통해 인물을 부각하는 기법으로, 르네상스와 바로크 시기에 특히 카라바조, 렘브란트가 자주 사용했다.

## 금 목걸이의 무게,
## 정점에 선 렘브란트

암스테르담을 뒤로하고, 스페인 마드리드 티센-보르네미사 미술관에서 나는 35세 무렵의 렘브란트를 마주한다. 이전의 청년기 자화상과는 전혀 다른 분위기다. 고급스러운 의상과 모자, 금목걸이를 두른 그의 모습은 '나는 이제 암스테르담에서 가장 잘나가는 화가다'라고 말하는 듯 정면을 응시하고 있다. 성공의 달콤함과 예술적 자부심이 화면 전체를 감싼다.

하지만 눈길을 좀 더 깊숙이 들여다보면, 그 안에 드리운 그림자가 느껴진다. 아내 사스키아의 죽음, 재정적 위기 등 곧 맞닥뜨릴 불운을 예감하는 듯한 미묘한 표정이 스친다. 언뜻 보면 중후한 부를 과시하고 있지만, 마음 어딘가에는 '이 모든 성공이 언제까지 지속될 수 있을까?' 하는 질문이 숨어 있는 듯하다.

당시 렘브란트는 종종 귀족 풍 의상을 입은 자화상을 그렸는데, 이는 네덜란드 회화의 한 양식인 '트로니Tronie'**와도 맞닿아 있다. 그러나 내가 보기에 이 자화상은 단순히 연출된 복장 이상의 의미를 담는다. 화려하게 빛나는 금목걸이. 그건 분명 성공의 상징이지만, 동시에 무겁게 그의 목을 감싸는, 침묵의 압박 같기도 했다.

---

** 17세기 네덜란드 플랑드르 회화에서 유행한 인물화 형식으로, 실존 인물보다는 과장된 표정과 의상, 특정 캐릭터나 분위기를 표현하는데 중점을 둔다.

렘브란트의 중년기 자화상. 고급 의상과 모자, 금목걸이를 걸친 모습.
성공을 누리는 예술가의 당당함 뒤에 묘한 불안이 스며 있다.

## 두 개의 원과 한 사람의 인생, 노년 렘브란트의 지혜

오스트리아 빈 '렘브란트 & 호흐스트라텐: 색채와 환상' 특별전. 그곳에서 나는 노년의 렘브란트를 만났다. 캔버스에 담긴 노화된 얼굴, 그 옆에 희미하게 그려진 두 개의 원. 이 작품은 그가 50대 후반에서 60대 초반에 그린 것으로 추정되는데, 청년과 중년 시절의 화려함은 사라지고, 남은 것은 주름진 얼굴과 담담한 시선이다. 금목걸이 대신 붓과 팔레트를 든 그의 모습에는 묘한 차분함이 감돈다. 세상의 영광과 실패를 모두 겪고도, 끝까지 화가로서 살아온 노인의 눈빛이 캔버스 밖을 응시한다.

배경의 두 개의 원이 정확히 무엇을 상징하는지 의견이 분분하다. 화가의 완숙한 기량을 보여주는 상징으로도, 우주적 조화를 표현한 암시로도, 혹은 예술과 현실이라는 두 세계를 나타내는 은유로도 해석된다. 해석은 관람자 몫이다.

중년기의 금목걸이와 호화로운 복장은 사라지고, 남은 것은 화가로서의 본질적 정체성뿐이다. 두터운 붓질, 절제된 색채, 노화된 육체를 있는 그대로 받아들이는 담담함이 화면을 지배한다. '거장의 끝자락에 남는 건 결국 화가로서의 나 자신뿐이구나.' 자화상 속 노인이 그렇게 중얼거리는 듯하다.

렘브란트의 청년기, 중년기, 노년기 자화상을 차례로 마주하고 나면, 한 예술가의 인생이 시각적 일기처럼 펼쳐진다. 찬란한 빛과 깊은 어둠이 교차했던 삶, 그것이 렘브란트의 붓끝에 그대로 새겨져 우리에게 다가온다.

〈두 개의 원이 있는 자화상〉 화구를 든 노년의 렘브란트 뒤로 두 개의 원이
희미하게 겹쳐진다. 붓의 무게와 인생의 깊이가 얼굴에 고요히 스민다.

### 형식의 해체,
### 피카소의 혁명

이제 시계를 20세기 초로 돌려, 파리 퐁피두센터 Centre Pompidou에 도착한다. 2023년 열린 '피카소, 무한히 그리다 Picasso: Dessiner à l'infini' 특별전은 그의 드로잉과 자화상을 한눈에 볼 수 있는 대규모 기획이었다. 그중에서도 19세 피카소가 남긴 자화상이 눈길을 붙잡았다.

화면을 감싸는 붉은 기운, 녹아내릴 듯 흐릿한 윤곽선, 그 속에서 또렷이 남은 눈동자. 청년기의 분노, 열정, 그리고 욕망이 동시에 밀려들 듯한 강렬한 인상이다.

사실적 재현보다는 심리적, 주관적 표현을 택한 이 자화상은 곧 이어질 피카소의 입체주의, 표현주의적 실험을 예고한다. 청색시대, 장미시대를 거쳐 전통의 틀을 완전히 깨부수는 그의 혁신은 이미 이 작은 자화상에서 배어 나오고 있었다.

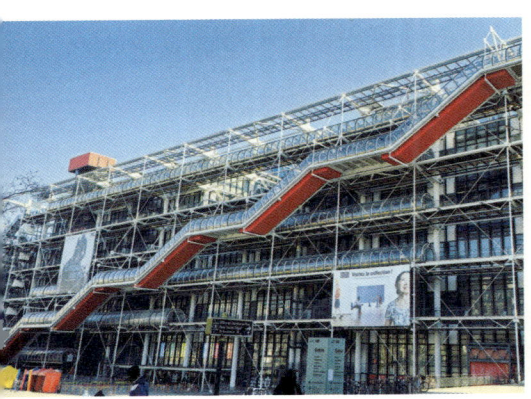 

퐁피두센터 외경과 특별전 '피카소, 무한히 그리다' 안내 벽면.

피카소 자화상.
1900년대 바르셀로나 시절,
붉은색이 번져나가는 청년의 얼굴.
이미 전통을 부수고자 하는 기운이 감돈다.

나는 이 붉은빛 그림 앞에 서서, '거울 속 자신의 모습을 굳이 이렇게까지 해체해야 했나?' 하는 의문을 품었다. 동시에 깨달았다. 피카소에게 자화상이란 자기 얼굴을 재현하기보다, 자신이 세상을 바라보는 방식을 캔버스에 펼쳐내는 것이었다.

### 타인을 통해 나를 그리는 법

마드리드 티센-보르네미사 미술관에서 루시안 프로이트의 〈의자에 앉아 있는 남자〉를 만났다.

이 작품은 자화상은 아니다. 그림 속 인물은 루시안 본인이 아니라, 실존 모델이다. 하지만 나는 그 앞에 선 순간, 이 인물이 루시안 프로이트 자신을 닮아있다는 묘한 느낌을 받았다. 붉은 안락의자, 눌린 자세, 손을 무릎 위에 얹고 아래를 향한 시선. 이 남자는 아무 말도 하지 않지만, 오히려 그래서 더

〈의자에 앉아 있는 남자〉 붉은 안락의자에 앉은 중년 남성,
갈색 정장에 시선을 아래로 떨군 채 무표정한 얼굴로 침묵하고 있다.

많은 것을 말하는 듯하다.

    프로이트는 종종 모델에게 긴 시간 동안 같은 자세를 유지하게 하고, 그 표정과 몸의 변화까지도 화폭에 담아냈다. 그는 단지 겉모습만 그리는 것이 아니라, 그 사람의 지속된 시간과 내면의 침묵을 관찰하고자 했던 것이다.

    이 초상에는 연민도, 낭만도 없다. 살갗은 생기 없이 늘어져 있고, 구겨진 천은 삶의 흔적처럼 그림의 하단을 덮고 있다. 색조는 흙빛과 살빛 사이를 오가며 감정 대신 현실을 담는다. 무엇보다 인물의 침묵은 보는 이로 하여금 자기 자신과 마주 보도록 만든다. 나는 이 그림이 자화상이 아님에도 불구하고, 그 자체로 루시안 프로이트의 내면을 투영한 자화상처럼 느껴진다. 그는 거울 속 자신의 얼굴을 그리지 않았지만, 타인을 통해 자신을 응시했던 화가였는지도 모른다. 그 앞에 서 있는 우리 또한 결국 자신을 보게 되는 것처럼.

    렘브란트가 붓과 팔레트를 들고 거울 속 늙은 얼굴을 응시했듯, 프로이트는 타인의 고요한 얼굴 속에서 스스로를 조각했다. 이 자화상 아닌 자화상은, 우리가 '자화상'이라는 장르에 대해 가지고 있던 고정관념에 질문을 던진다. 자화상이란 결국 거울 앞에 선 화가의 형상만이 아니라, 그가 바라보는 모든 존재 속에 자신을 투영하는 시선일 수도 있다는 것을.

### 변화하는 얼굴, 영원한 질문

    렘브란트의 청년, 중년, 노년 자화상을 차례로 만난 뒤, 피카소와 프로이트의 자화상으로 이어지는 여정은 '거울 속 나'를 대하는 다양한 태도를 보여준다.

    렘브란트는 청년의 야망, 중년의 성공과 불안, 노년의 깊은 통찰까지 인생

전체를 자화상으로 기록했다. 피카소는 자신을 현실적으로 그리기보다, '내가 세상을 어떻게 바라보는가'라는 관점에서 형식을 해체했다. 프로이트는 더욱 차갑고 무자비한 붓질로 인간의 육체가 겪는 불가피한 소멸을 꿰뚫었다.

결국 자화상이란 화가의 시대, 인생, 내면이 한데 뒤엉킨 거울이다. 그리고 그들의 캔버스 앞에 선 나는, 그 안에 비친 시간을 함께 마주하게 된다. 자연스럽게 나의 얼굴도 떠올린다. 나는 지금 거울 속 얼굴을 어떤 시선으로 바라보고 있는가?

우리는 하루에도 수십 장의 '셀피'를 찍어 소셜 미디어에 올리는 시대를 살고 있다. 디지털 화면 속 '나'는 실재하는 나일까, 아니면 타인의 시선을 위해 꾸며낸 또 다른 초상일까? 자화상의 양은 어느 때보다 많아졌지만, 과연 '나는 누구인가'라는 질문을 진지하게 건네는 이미지는 몇 장이나 될까? 화려한 필터로 치장된 내 모습이 과연 진짜라고 말할 수 있을까?

오늘 거울 앞에 서서 내 얼굴을 얼마나 오래 마주했는지 떠올려 보면 어떨까? 그 얼굴에 새겨진 시간의 흔적들, 웃음의 자국들, 고민의 주름들은 어떤 이야기를 담고 있을까?

렘브란트의 자화상 앞에서.
400년 전 렘브란트는 거울을 보고 붓을 들었고,
400년 뒤 나는 그의 그림 앞에서 셀피 버튼을 눌렀다.
예술 앞에선, 우리 모두 잠깐 '진지한 척'을 한다.

SCENE 02

# 침묵의 대화,
# 그림 속 여인이 전하는 시대의 이야기

루브르 박물관 〈모나리자〉 전시실.
가장 많은 관람객을 끌어들이는 불후의 명작이다.

## 모나리자, 영원한 미소의 시작

사람들은 왜 이 작은 그림 앞에 멈춰 설까? 세계에서 가장 유명하니까? 혹은 '다 빈치'라는 이름값 때문에? 당연히 그런 이유도 있겠지만, 나는 그보다 '그녀가 오래도록 간직해온 침묵의 대화'에 비밀이 있다고 믿는다.

단 한 번도 입을 열지 않았지만, 수백 년간 끊임없이 무언가를 말하고 있는 듯한 모나리자의 미소야말로 우리를 매료시키는 가장 강렬한 질문이다. 작고 소박해 보이는 이 그림은 '그림 속 여인은 우리에게 어떤 이야기를 할 수 있는가?'라는 의문을 품게 하는 시작점이기도 하다.

소리 없는 미소가 시대를 뛰어넘어 수많은 관람객에게 질문을 던진다. '나는 무엇을 말하고 있을까?', '당신은 내 미소에서 어떤 이야기를 듣고 싶은가?' 그러자 내 안에서도 또 다른 질문이 떠오른다. '모나리자만이 아니라, 미술사 속 다른 그림 속 여인들도 이런 침묵의 대화를 건네고 있지 않을까?'

이 글은 그 질문에서 출발한다. 17세기 네덜란드의 페르메이르가 그린 고요한 소녀와 하녀부터, 19세기 파리의 마네와 드가, 그리고 20세기 초 로트렉과 모딜리아니가 작품 속에 담아낸 여성상까지, 모두 입을 열지 않은 채 자신이 살았던 시대와 내면을 전한다.

이제 그림 속 '침묵의 목소리'에 귀를 기울이기 위해, 우리에게 끊임없이 이야기를 건네는 여섯 명의 여인을 찾아 나서는 여정을 시작한다.

## 진주 귀걸이를 한 소녀, 나를 부르는 시선

17세기 네덜란드는 무역과 상업의 발전으로 '황금시대'를 맞이한다. 요하네스 페르메이르는 그 찬란한 시대 속, 소박한 일상을 고요한 빛으로 포착한 화가였다. 그의 캔버스에 등장하는 여인들은 말없이, 그러나 깊은 응시로 관람자와 대화를 나눈다.

암스테르담 중앙역에서 기차로 약 1시간 30분을 달리면 헤이그에 닿는다. 이곳은 '1905년 을사조약'의 부당함을 알리려던 헤이그 특사 이준, 이상설, 이위종의 도시이기도 하다. 그러나 나에게 헤이그는 무엇보다 '진주 귀걸이를 한 소녀'가 있는 곳이라는 인상이 더 강렬했다. 기차 안에서 창밖으로 펼쳐지는 평야와 운하를 바라보며, 이미 마음은 그녀에게 달려가 있었다.

마우리츠하위스Mauritshuis 미술관은 17세기 네덜란드 황금시대 회화를 보

이준 열사 기념관. 헤이그 특사 3인 이준, 이상설, 이위종이 머문 숙소 건물에 조성된 작은 기념관.

마우리츠하위스 미술관.
17세기 네덜란드 황금시대 회화를 보석처럼 간직한 미술관.

석처럼 간직한 공간이다. 이곳에서 마주한 〈진주 귀걸이를 한 소녀〉는 생각보다 훨씬 작은 크기였지만, 어두운 배경 속에서 보이는 강렬한 대비가 단번에 시선을 붙잡는다. 고개를 살짝 돌린 소녀의 얼굴, 파란 터번과 노란 상의가 이루는 색채 대조, 진주 귀걸이의 섬세한 빛, 살짝 열린 입술. 마치 '누가 날 불렀나요?' 하고 뒤돌아본 순간이 그대로 멈춰 선 듯했다.

  소녀는 웃는 듯 보이면서도 아무 말이 없다. 그 침묵 속에서 말할 듯 말 듯한 표정이 묘한 긴장감을 자아낸다. 누군지 확실치 않다는 점이 오히려 작품을 더 매혹적으로 만든다. 영국 작가 트레이시 슈발리에의 소설과 이를 바탕으로 한 영화 〈진주 귀걸이를 한 소녀〉가 페르메이르와 하녀 그리트의 관계를 상상력으로 풀어냈지만, 실제 모델이 누구였는지는 여전히 미스터리다.

〈진주 귀걸이를 한 소녀〉
어두운 배경 속에서 고개를
살짝 돌린 소녀의 얼굴이
강렬한 대비를 이룬다.

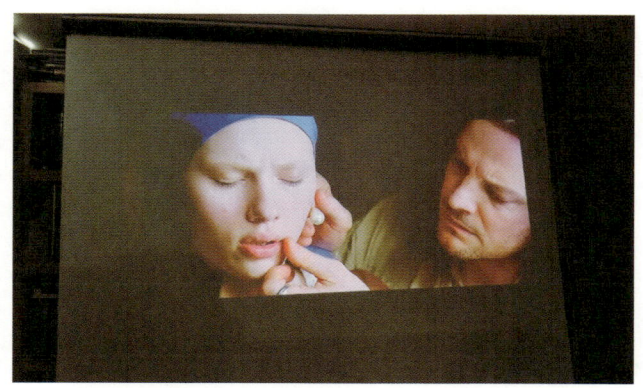

영화 〈진주 귀걸이를 한 소녀〉
스칼렛 요한슨과 콜린 퍼스의 연기로
작품 속 소녀와 페르메이르의 관계를
상상력으로 재구성했다.

요하네스 페르메이르는 그 찬란한 시대 속 일상의 소박함을 고요한 빛으로 담아낸 화가다. 그의 캔버스 안에 등장하는 여인들은 아무 말도 하지 않으면서도 깊은 응시로 관람자와 대화를 나누는 존재가 된다. 그는 생전 크게 주목받지 못했고 남긴 작품 수도 35점 안팎으로, 얼마 되지 않는다. 그러나 카메라 옵스큐라 같은 광학 장치를 활용했으리라는 추측과 함께 '빛의 마술사'로 재조명되었다. 윤곽선 없이 부드러운 색면으로 표현하는 기법은 소녀의 표정을 더욱 복합적으로 보이게 한다. 작품 앞에 잠시 서 있으면, 그녀가 금방이라도 입을 열어 '여기서 빠져나가지 말고, 내 이야기를 조금만 더 들어줘.' 하고 속삭일 것만 같다.

## 우유 따르는 하녀, 일상의 성스러움

헤이그를 뒤로하고 다시 암스테르담으로 돌아오면, 암스테르담 국립미술관을 빼놓을 수 없다. 렘브란트의 〈야경〉이 가장 유명하지만, 내 시선은 곧장 페르메이르의 〈우유 따르는 하녀〉를 향했다.

부엌 한가운데서 우유 주전자를 기울이는 여인의 모습은, 극도로 평범한 일상이면서도 창문을 통해 들어오는 빛이 그녀의 손길과 주름진 옷자락, 테이블 위 빵 조각들을 아늑하게 감싼다. 하얀 벽에 드리운 그림자 속에도 은은한 푸른빛이 섞여 있음을 알아차리는 순간, 페르메이르가 일상의 찰나를 얼마나 성스럽게 포착했는지 실감하게 된다.

가사노동을 이렇게나 숭고하게 표현할 수 있을까 싶을 정도로, 하녀의 집중된 모습은 경건하면서도 고요하다. 실제 크기는 세로 45.5센티미터, 가로

암스테르담 국립미술관. 네덜란드 미술의 보고(寶庫)다.
렘브란트의 〈야경〉과 페르메이르의 걸작들을 소장하고 있다.

〈우유 따르는 하녀〉
가장 평범한 일상의 순간이
성스러움으로 승화된 작품이다.

41센티미터 남짓. 크지는 않지만, 빛과 색감이 만들어내는 분위기는 압도적이다. 우유를 따르며 아무 말없이 일에 몰두하는 그녀를 보고 있으면, 어느새 내 귀엔 '이제 치즈를 만들어야겠군' 하고 중얼거리는 목소리가 들리는 듯 정겹게 다가온다.

## 도시의 풍경이 된 여인들, 공적인 시선과 고독

17세기 네덜란드의 고요함을 뒤로하고, 이제 시계를 19세기 말 파리로 돌려보자. 오스만 남작의 도시정비 사업으로 화려한 대로와 상점들이 들어섰고, 여성들은 가정 밖으로 나와 적극적인 사회, 경제 활동을 펼치게 되었다. 그러나 이렇게 자유가 확대되는 동시에 상품화된 몸으로 전락할 위험을 안게 된다. 화려함 이면의 고독은 마네와 드가의 작품 속에서 더욱 선명하게 드러난다.

19세기 말 파리의 밤 문화를 엿볼 수 있는 마네의 〈폴리 베르제르의 술집〉. 이 작품에는 고독과 단절이 고스란히 드러난다. 술집 바텐더 '수잔'이 화면 중앙에 서 있고, 그녀 뒤에는 커다란 거울이 걸려 있다. 거울은 수잔의 뒤편 풍경을 반사하지만, 원근법적으로 어긋나 있는 묘한 장면을 보여준다. 중절모를 쓴 손님과 수잔의 위치도 어긋난다. 어느 쪽이 현실이고 어느 쪽이 반영된 그림자인지 헷갈리게 만드는 의도적인 연출 같다.

무표정하게 서 있는 수잔과, 화려한 꽃, 오렌지, 샴페인 병처럼 상품화된 물건들은 신흥 부르주아 사회가 만들어낸 근대성을 상징한다. 그러나 그녀의 표정에서 읽히는 심리는 '이 화려한 공간 속에서 나는 지금 어떤 기분일까?'라는 쓸쓸함이다.

〈폴리 베르제르의 술집〉 마네가 남긴 마지막 대작.
도시의 화려함 뒤에 감춰진 고독과 단절을 거울 속에 비추듯 드러낸다.

수잔은 근대 파리의 유흥문화 한가운데 서 있으면서도, 동시에 그 화려함 속에 소비되는 대상이 된다. 소비의 대상이자 공적 시선에 끊임없이 노출된 여성이 겪는 내면적 고독이 그림 곳곳에 배어 있다. 이는 17세기 '우유 따르는 하녀'가 가정 내에서 누렸던 고요함과 정반대다. 도시의 빛이 그녀에게 자유를 준 듯 보이지만, 또 다른 고독과 소외를 안겨준 셈이다.

마네는 이 작품을 완성한 뒤 1년 후 세상을 떠났다. 그래서인지 〈폴리 베르제르의 술집〉은 그가 바라본 19세기 말 파리 문화의 양가성을 단 한 폭에 담아낸 유작 같은 느낌을 준다. 수잔이 내게 말한다. "Bonsoir. Que voulez-vous boire?(안녕하세요, 어떤 걸 마시겠어요?)"

19세기 파리의 카페 내부.

〈압생트를 마시는 사람〉
압생트 잔 사이, 말 없는 두 사람.
도시 속 고독과 소외를 응시하는 드가의 침묵의 시선.

## '압생트를 마시는 사람', 도시 속 더 깊은 고독

마네의 술집에서 한 걸음 더 들어가면, 에드가 드가의 〈압생트를 마시는 사람〉을 만나게 된다. 파리의 한 카페. 남녀가 초록빛 압생트를 앞에 두고 나란히 앉아 있지만, 서로에게 완벽히 고립되어 있다.

압생트는 당대 예술가와 문인들이 '녹색 요정 La fée verte'이라 부르며 즐겨 마셨지만, 환각과 중독 문제로 사회적 논란이 많았다. 반 고흐 역시 이 술에 빠져들었다는 일화는 유명하다. 드가는 이런 카페라는 도시적 공간에서, 군중 속에서도 철저히 단절된 인간을 그려냈다.

사실 이 작품은 배우와 화가 친구를 모델로 쓴 연출된 장면이지만, '현대 도시인이 겪는 실존적 고독'을 시각적으로 보여주려는 드가의 의도가 명확하다. 옆에 사람이 있음에도 전혀 소통되지 않는, 오히려 더 깊은 외로움을 느끼게 하는 공간이 바로 19세기 말 파리의 카페였던 것이다.

무표정한 여인이 이렇게 중얼거리는 듯하다. '고독해도 괜찮아. 난 내 안에서 조용히 평화를 찾을 거야.'

## 경계를 넘어선 여인들, 새로운 정체성의 표현

같은 파리, 같은 시대지만 전혀 다른 공간이 몽마르트르 언덕 아래 펼쳐져 있었다. 앙리 드 툴루즈 로트렉은 〈춤추는 제인 아브릴〉 등을 통해 밤늦도록 음악과 춤이 넘쳐흐르던 물랭 루주Moulin Rouge의 자유분방함과 열정을 생생하게 묘사했다.

로트렉은 귀족 가문 출신이었으나 희귀 유전 질환으로 신체적 제약이 컸고, 주류 사교계에서 멀어지며 몽마르트르 뒷골목 예술가들과 어울렸다. 오히려 그 특수성 덕분에 독특하고 자유로운 작품세계를 만들어냈다. 일명 '광란의 제인Jane la Folle'이라 불렸던 제인 아브릴은 간질성 질환을 앓았지만, 매혹적인 춤사위로 물랭 루주의 스타가 되었다. 로트렉은 그녀가 춤추는 순간을 과감한 구도로 포착해, 붓질만으로도 무대 열기가 전해지게 만들어냈다.

이제 캔버스 속 여인은 무대의 주인이 되어 자신의 이야기를 몸짓으로 펼쳐낸다. 17세기 가정의 하녀나 19세기 파리 카페의 여인과 달리, 이제는 스스로를 적극적으로 표현하는 새로운 여성상이 등장한 것이다. 로트렉의 포스터 디자인은 근대 광고의 시초로도 꼽히는데, 바로 이런 몽마르트르의 독창적인

툴루즈 로트렉의 〈춤추는 제인 아브릴〉
춤의 순간이 그대로 살아 있다.

로트렉이 디자인한 '물랭 루주' 포스터.
근대 활자 디자인과 그래픽 광고의 시초로
평가된다.

예술 에너지에서 비롯된 셈이다.

제인이 외친다. "내 이야기를 들어봐."

19세기 말 몽마르트르의 뜨거운 열기를 뒤로하고, 이번엔 20세기 초 파리로 넘어가 본다. 오랑주리 미술관에서 열린 '모딜리아니와 그의 미술상 기욤' 특별전에서, 나는 〈앉아있는 갈색 머리의 어린 소녀〉 작품 앞에 멈춰 섰다. 그리고 한참 동안, 소녀의 눈빛에 붙잡혀 있었다.

소녀는 고개를 살짝 기울인 채, 길게 늘어난 목과 아몬드 형 눈동자로 조용히 나를 응시한다. 무표정해 보이지만, 호기심과 약간의 슬픔이 동시에 번져 묘한 감정을 불러일으킨다. 비례는 왜곡되어 있지만, 오히려 그것이 더 친근하고 현실감 있게 느껴지는 건, 작가가 물리적 사실보다 '내면의 영혼'을 표현하고자 했기 때문일 것이다.

모딜리아니는 '인물을 그리는 것이 아니라, 그 영혼을 그려야 한다'는 신념을 가진 화가였다. 특별전의 폴 기욤 회고 자료에는 이런 문구가 있었다. "모디(모딜리아니)는 사람을 그리는 게 아니야. 혼魂을 그리는 거지."

그래서일까. 그의 인물들은 표정이 단순해 보이지만, 오히려 그 안에 더 많은 감정이 들어 있다. 소녀는 고개를 기울인 채 말하는 듯하다. '나는 이렇게 앉아 있지만, 내 안에는 무수한 이야기가 있어. 너는 그것을 느낄 수 있니?'

시대와 공간을 넘어
말을 거는 여인들

이제 다시 루브르 박물관의 〈모나리자〉 앞으로 돌아가 본다. 견고한 유리장 뒤에서 500년의 시간을 건너 여전히 침묵 속에서 우리를 붙드는 그녀는

오랑주리 미술관의 '모딜리아니와 그의 미술상 기욤' 특별전.

모딜리아니의 〈앉아있는 갈색 머리의 어린 소녀〉 왜곡된 비례 속에서도 인물의 내면과 영혼을 담아낸 대표작이다.

모딜리아니가 그린 후원자 폴 기욤의 초상. 모딜리아니의 작품 세계를 세상에 알리는데 핵심적 역할을 한 인물이다.

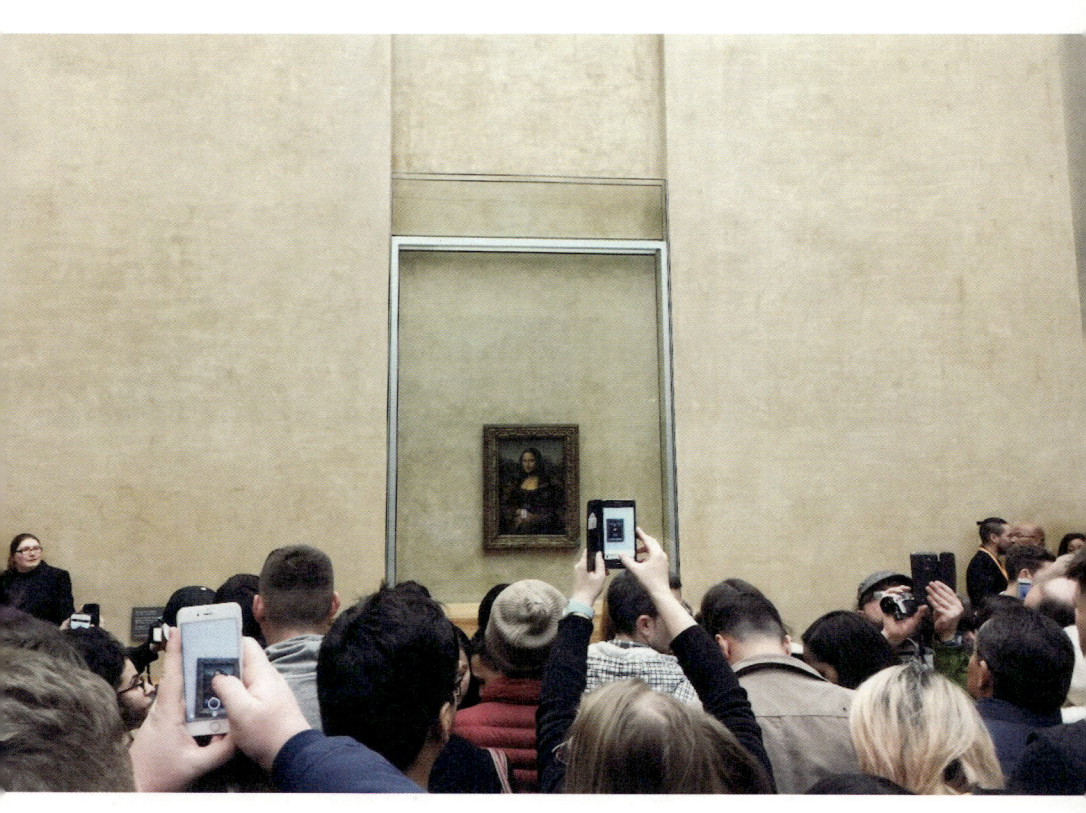

2017년, 개보수 전 〈모나리자〉 전시실에 모인 관람객들.
500년이 지난 지금도, 그녀는 침묵 속에서 여전히 질문을 던지고 있다.

'나는 무엇을 말하려고 하는 걸까?'라는 질문을 끝없이 던지고 있다.

이번 여정에서 만난 여섯 명의 여인들도 마찬가지다. 페르메이르의 소녀와 하녀, 마네와 드가가 그려낸 19세기 파리의 여성들, 그리고 로트렉과 모딜리아니의 캔버스 속 인물들 역시 입을 열지 않는다. 그러나 작품 앞에 서는 순간, 우리는 자연스레 무수한 이야기를 듣게 된다. 그녀들은 결코 캔버스 안에 갇혀 있지 않다. 시대와 공간을 넘어 지금 우리의 질문에 끊임없이 답을 건넨다.

결국 '침묵의 대화'란, 내가 얼마나 깊이 묻느냐에 따라, 얼마나 오래 응시하냐에 따라 더 풍부한 목소리로 되돌아오는 나만의 소통 방식이다. 캔버스는 과거에 그려졌지만, 우리가 질문을 멈추지 않는 한 그들은 언제든 '지금'이 되어 우리의 삶에 말을 걸어온다.

그림 속 여인들은 여전히 조용하지만, 그 침묵의 공간에서 지금 이 순간에도 새로운 이야기가 태어나고 있다.

SCENE 02

# 빛과 순간의 여행,
# 인상주의를 찾아서

오르세 미술관 중앙 시계 아래서 바라본 파리.
멈춰선 듯 시간 너머로, 빛과 색의 혁명이 천천히 펼쳐진다.

나는 미술관에서 도시를 읽는다

인상주의의 발자취를 따라가는 여정을 시작하며, 나는 한 세기 반 전 예술가들이 바라본 빛나는 순간들을 직접 확인하고 싶었다. 이 여정은 단순한 미술관 순례를 넘어, 시간과 공간을 넘나드는 예술적 순례가 되었다. 센 강변의 옛 기차역에서 시작해 르아브르와 루앙, 지베르니를 거쳐 다시 파리로 돌아오는 길. 그 길은 곧 인상주의의 탄생과 발전, 그리고 완성까지를 좇는 탐험이었다.

## 혁신의 전초기지, 오르세 미술관

1900년 파리 만국박람회를 위해 지어진 오르세 역은, 한때 근대화의 상징이었다. 그리고 86년 뒤, 이 웅장한 건물이 미술관으로 다시 태어났을 때, 그 자체로 또 다른 혁신이 되었다. 높이 솟은 유리 천장을 통해 쏟아지는 자연광은 인상주의 작품들을 위한 완벽한 무대를 만들어준다.

나는 여러 번의 미술관 순례를 통해, 전시와 작품의 '타이밍'이 얼마나 중요한지 깨달았다. 내 여행 일기장에는 이렇게 적혀 있다.

"오르세의 '행운의 특별전'과 '한 작품'의 외유. 마네의 두 문제작 중 하나를 만났다."

여기서 '행운의 특별전'은 빈센트 반 고흐의 오베르 쉬르 우아즈 시절 특별전이었고, '마네의 두 문제작'은 〈풀밭 위의 점심 식사〉와 〈올랭피아〉였다.

오르세 미술관. 과거의 기차역이, 이제는 인상주의가 영원히 머무는 미술관이다.

처음 방문했을 때 〈풀밭 위의 점심 식사〉만이 나를 맞이했다. 〈올랭피아〉는 뉴욕현대미술관MoMA 전시를 떠나 있었다. 그리고 1년 뒤 다시 찾은 오르세에서 마침내 〈올랭피아〉와 마주했을 때의 전율은 아직도 잊히지 않는다. 〈올랭피아〉 앞에서의 흥분을 가슴에 새긴 채, 나는 문득 1년 전 마주했던 〈풀밭 위의 점심 식사〉의 충격을 다시 떠올렸다.

〈풀밭 위의 점심 식사〉를 처음 본 순간, 나는 그 자리에서 한동안 떠날 수 없었다. 티치아노의 〈전원의 합주〉를 현대적으로 재해석한 이 작품은, 당시 미술계의 모든 관습을 뒤흔들었다. 르네상스 이후 누드화는 신화나 역사적 장면에서 이상화된 형태로만 허용되었는데, 마네는 현대 옷차림의 남성들 사이에 아무렇지도 않게 나체 여인을 배치했다. 평면적 구도와 극단적인 명암 대비, 거친 붓질까지 기존 아카데미의 모든 규범을 대담하게 무시했다.

〈올랭피아〉는 더욱 파격적이다. 티치아노 베첼리오의 〈우르비노의 비너스〉에서 영감을 받았지만, 마네는 신화 속 여신이 아닌 당시의 실제 여성, 게

티치아노의 〈전원의 합주〉와 마네의 〈풀밭 위의 점심 식사〉
고요한 전원의 선율 위에, 마네는 19세기 파리의 경계를 깨는 충격을 얹었다.

 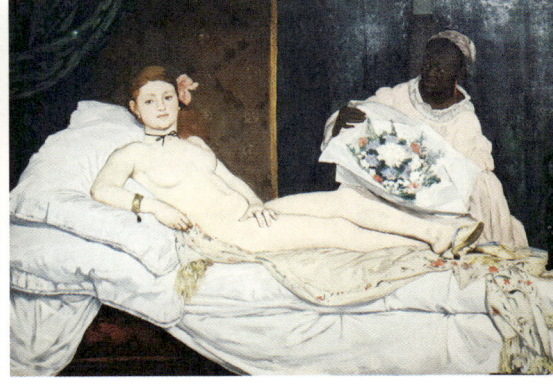

티치아노의 〈우르비노의 비너스〉와 마네의 〈올랭피아〉
눈을 감은 고전의 비너스에서 정면을 응시하는 19세기 여성으로.
티치아노의 이상화된 신화를 깨고, 마네는 현실을 응시하게 했다.

다가 매춘부를 연상케 하는 인물을 당당하게 그렸다. 검은 리본을 목에 두르고 관람객을 정면으로 응시하는 올랭피아의 시선은 도발적이고, 하녀가 들고 있는 꽃다발은 후원자의 선물임을 암시한다. 발치에 앉은 검은 고양이는 전통적 충실함의 상징인 강아지를 대체하며 그녀의 자유분방함을 드러낸다.

이 두 작품이 1863년 '낙선전Salon des Refusés'에서 스캔들을 일으킨 것은 당연한 수순이었다. 신화나 역사적 인물이 아닌 현실 속 여성을 누드로, 그것도 정면을 응시하게 그린 충격은 파리 사회를 발칵 뒤집었다. 하지만 마네의 대담함은 젊은 화가들에게 강력한 영감을 주었고, 1874년 4월 파리의 한 사진작가 스튜디오에서 열린 '무명화가, 화가, 조각가, 판화가 협회' 전시를 통해 인상주의가 본격적으로 등장하게 된다. 그 전시에서 마네의 '후배' 모네가 발표한 〈인상: 해돋이〉를 본 비평가 루이 르루아가 "인상Impression이라니, 마치 벽지를 대충 칠해 놓은 것 같다"라며 비웃었지만, 그것이 오히려 '인상주의'라는 이름의 시작이 되었다.

그 후 미술상 폴 뒤랑-뤼엘의 지원과, 1886년 뉴욕에서 열린 인상파 전시의 성공으로 미국 컬렉터들이 인상주의에 눈을 돌리기 시작했고, 1890년대가 되면 유럽 미술계 역시 이 새로운 회화의 가치를 점차 인정하게 된다.

인상주의의 심장,
마르모땅에서 르아브르로

파리 16구 고즈넉한 주택가를 걷다 보면 마르모땅 미술관이 조용히 모습을 드러낸다. 내가 이곳을 찾은 이유는 단 하나. 모네의 〈인상: 해돋이〉를 직접 보기 위해서였다. 하지만 아쉽게도, 〈인상: 해돋이는〉 워싱턴 D.C. 국립미

마르모땅 미술관.

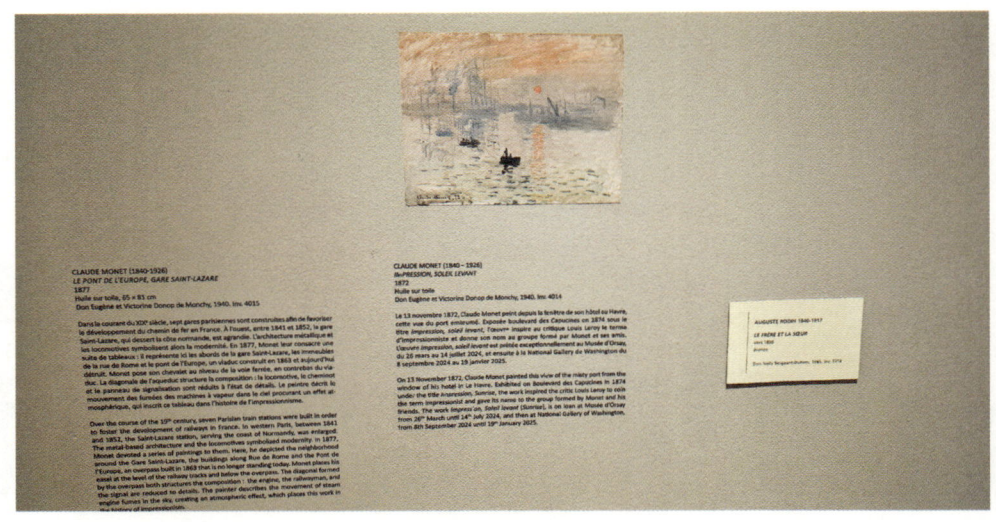

〈인상: 해돋이〉 전시 공간. 자리에 작품은 없었지만,
'인상주의'라는 이름이 남긴 여운은 여전히 그곳에 머물러 있다.

사진 제공_ 장예빈

워싱턴 D.C. 국립미술관으로 잠시 자리를 옮긴 〈인상: 해돋이〉
직접 마주하지 못한 아쉬움 대신, 미국에 사는 조카가 삼촌의 시선을
대신해 사진을 보내왔다.

술관에 순회 전시 중이었다. 빈 캔버스 하나가 남긴 여백은 생각보다도 컸다. 그럼에도 마르모땅은 여전히 '보물창고'라 할 만하다. 변호사이자 정치인이며 기업가였던 쥘 마르모땅의 안목 덕분에 세계 최대 규모의 모네 컬렉션을 갖추게 되었기 때문이다.

이곳에서는 모네의 〈양산을 든 여인〉, 〈아르장퇴유의 양귀비 들판〉, 그리고 〈루앙 대성당〉 연작 중 한 점 등을 볼 수 있다. 그의 다채로운 시기별 대표작들을 모아 둔 공간이라, 인상주의의 흐름을 단번에 훑어볼 수 있다는 점이 매력적이다.

또 다른 인상주의의 성지 오르세 미술관. 이곳에서 마주한 모네의 〈생 라자르 역〉은 유리 천장을 통과하는 햇살과 증기기관차가 내뿜는 연기가 어우러져 몽환적인 분위기를 자아낸다. 오귀스트 르누아르의 〈물랭 드 라 갈레트의 무도회〉나 카미유 피사로의 〈몽마르트 대로, 오후 햇살〉 역시 19세기 말 파리의 일상과 빛의 마법을 생생하게 보여준다.

마르모땅에서 만난 모네의 작품들은 결국 나를 그의 예술적 출발점인 르

〈물랭 드 라 갈레트의 무도회〉, 〈몽마르트 대로, 오후 햇살〉
춤추는 햇살과 생기 있는 거리. 르누아르와 피사로가 포착한 파리의 오후.

아브르로 향하게 만들었다. 〈인상: 해돋이〉가 탄생한 항구도시에서, 젊은 모네가 어떻게 빛의 혁명가로 거듭났는지 직접 확인하고 싶었다.

## 르아브르, 인상주의가
## 태어난 항구

프랑스에서 마르세유 다음으로 큰 항구 도시, 르아브르. 이곳은 19세기 중반 산업혁명의 물결 속에서 빠르게 번영했다. 나는 화창한 오후의 솟아오른 태양을 봤지만, 150년 전 모네가 〈인상: 해돋이〉를 구상하던 풍경과 크게 다르지 않아 보였다. 1872년 11월, 르아브르의 한 호텔 창가에서 스케치한 일출이 훗날 미술사의 전환점이 되리라고는 아마 당시의 모네조차 예상하지 못했을 것이다.

앙드레 말로 현대 미술관MuMa에 전시된 부댕의 〈트루빌 해변〉, 모네의 초기작 〈트루빌의 해변과 마구간〉, 피사로의 〈르아브르 외항〉 등을 차례로 둘

르아브르 항구 전경. 모네가 첫 '인상'을 그려낸 항구.

앙드레 말로 현대 미술관.
인상주의의 요람 르아브르에서 예술적 혁명이 시작됐다.

러 보면, 이 도시가 인상주의의 요람이자 모네의 출발점임을 실감하게 된다. 열다섯 살에 이미 캐리커처 화가로 이름을 날리던 모네에게 "자연 앞에서 직접 그려라"라고 조언했던 부댕의 가르침은, 훗날 '야외 사생'과 '빛의 포착'으로 이어지는 인상주의의 토대가 되었다.

## 파리에서 현대성을 포착하다

생 라자르 역은 19세기 파리의 현대화를 상징하는 기차역이다. 1837년 문을 열어 파리와 베르사유 간 최초의 여객 노선이 운행됐으며, 모네는 1877년 이곳에서 12점의 연작을 남겼다. 빅토리아풍 철골 구조와 유리 천장을 통과해 쏟아지는 빛, 그리고 증기기관차에서 피어오르는 연기는 당대 '산업화'의 파노라마였다.

나는 모네가 섰을 법한 플랫폼을 찾아 '그림' 속 구도를 머리에 담고, 생 라자르 역 내부를 돌아다녔다. 그리고 찾았다. 열차나 승객의 모습은 달라졌지만, 천장 구조와 빛이 만들어내는 극적인 장면은 여전히 모네의 캔버스를 닮아 있었다.

생 라자르 역.
산업화의 상징이자, 빛의 실험실.
모네가 바라본 '현대성'은
이곳에서 시작되었다.

생 라자르 역 플랫폼과 모네의 〈생 라자르 역〉
증기와 유리, 그리고 쏟아지는 햇살.
시대는 바뀌었지만, 풍경은 여전히 모네의 화폭 속에 머물러 있다.

조르주 쇠라의
〈그랑드 자트 섬의 일요일 오후〉
수천 개의 점이 만들어낸 정적의 화음.
빛의 과학이 된 풍경이다.

폴 시냐크의 〈우물가의 여인들〉
점과 점 사이에서 울리는 색의 떨림.
신인상주의가 남긴 교향곡이다.

### 빛의 과학, 신인상주의를 열다

인상주의 이후, 빛을 좀 더 과학적으로 탐구한 작가들도 등장했다. 조르주 쇠라와 폴 시냐크 같은 신인상주의자들은 색채 이론을 바탕으로 '점묘법 Pointillism'을 발전시켰다. 이는 순수한 원색을 작은 점으로 찍어 관람자의 망막에서 색이 혼합되도록 유도하는 기법이다.

오르세 미술관에서 본 조르주 쇠라의 〈그랑드 자트 섬의 일요일 오후〉는 점묘법의 대표작이다. 캔버스를 빼곡히 채운 미세한 색점들이 일정 거리에서 조화를 이루어, 이전과는 전혀 다른 색채 효과와 빛의 진동을 느끼게 한다. 시냐크의 〈우물가의 여인들〉 역시 같은 기법을 구사하며, 20세기 초 야수파와 추상미술까지 잇는 가교 역할을 했다. 이제 '빛'은 순간을 넘어서, 해석되고 분해되고 구조화되는 대상이 되었다.

### 지베르니, 동서양이 만난 예술가의 낙원

지베르니로 가는 차창밖에는 노르망디 특유의 전원 풍경이 펼쳐진다. 들판에 점점이 놓인 건초더미는 나도 모르게 모네의 연작들을 떠올리게 했다. 그는 건초더미를 '빛을 받아들이는 단순한 스크린'으로 보았고, 시시각각 변하는 빛의 변주를 25점에 달하는 그림

지베르니로 가는 길. 모네가 빛을 담기 시작한 풍경, 그 시작점으로 다가간다.

에 담았다.

이 집요한 관찰은 〈루앙 대성당〉 연작으로 이어졌다. 오르세 미술관에서 본 대성당 그림 다섯 점은, 석양의 장밋빛에서 아침의 푸른 그림자, 안갯속 흐릿한 실루엣까지, 같은 건물을 시간과 날씨에 따라 얼마나 다르게 표현할 수 있는지 극적으로 보여준다.

도슨트 공부 시절, 가보고 싶은 작품 속 장소 중 하나인 루앙 대성당을 찾았을 때 기억이 생생하다. 내 앞에 우뚝 선 대성당을 눈과 가슴에 담았다. 오르세 미술관에 걸려 있는 루앙 대성당 그림들 앞에서 빛이 빚어내는 다채로운 표정을 한눈에 볼 수 있었다면, 루앙에서는 오후 6시 즈음 빛의 대성당을 봤다. 돌과 유리의 결에서 빛이 발산하는 생명력은 화폭 속 이미지보다 더 강렬했지만, 모네가 캔버스에 담아낸 '빛의 순간'은 현실을 초월한 예술적 진실처럼 느껴졌다. 파리 오르세, 마르모땅 미술관, 스위스 취리히, 미국 국립미술관 등에 흩어진 서른 점의 연작은 단일 대상이 지닌 무한한 가능성을 교향곡처럼 변주하며 보여준다.

모네는 1883년, 43세의 나이에 지베르니에 정착해 40년 가까이 정원을 가꾸며 살았다. 프랑스식 '클로 노르망 Clos Normand' 정원은 화려한 꽃으로 뒤덮였고, 에프트 강 건너 습지를 개조한 '물의 정원'에는 일본식 다리와 대나무, 등나무 터

오후 6시, 나는 루앙 대성당 앞에 섰다.
그림이 아닌 진짜 빛이, 나를 감쌌다.

오르세에 영구 전시 중인 〈루앙 대성당〉 연작 다섯 점.
같은 대성당, 다른 빛의 표정들. 모네의 집요한 관찰이 완성한 빛의 교향곡이다.

〈후지산 36경〉 중 〈가나가와 해변의 높은 파도 아래〉, 〈명소 에도 백경〉 중
〈신오하시 다리와 아타케에 내리는 소나기〉, 그리고 모네의 〈일본풍 다리〉
동양과 서양이 지베르니에서 만났다. 일본 판화와 수련 연못의 교차점.

널 등으로 이국적 풍광을 연출했다. 그가 열광했던 우키요에 미학, '평면적 구도와 원근법의 파괴, 강렬한 색채' 등이 정원 곳곳에 배어 있었다.

19세기 중반 이후 일본과의 무역이 활발해지면서 파리는 우키요에로 대변되는 일본 미술의 홍수 속에 있었다. 우키요에 판화는 인상파 화가들에게 기존 유럽 회화와는 전혀 다른 시선과 색채를 제시했고, 호쿠사이의 〈후지산 36경〉, 히로시게의 〈명소 에도 백경〉 등의 판화를 수백 점 모았던 모네 역시, 그 영감을 지베르니의 정원 설계와 후기 작품에 녹여냈다.

## 오랑주리, 수련에 담긴 빛의 교향곡

오랑주리 미술관.
모네 예술의 마지막 정원.

지베르니에서의 모네 예술이 집약된 곳이 있다면, 단연 파리의 오랑주리 미술관을 꼽을 수 있다. 튈르리 정원에 위치한 오랑주리Orangerie는 오렌지Orange에서 이름을 따왔다. 원래 루이 14세가 아끼던 오렌지 나무를 겨울 동안 보호하기 위해 지은 온실이었다.

제1차 세계대전 종전 후, 프랑스 총리를 지낸 조르주 클레망소는 전쟁의 상처를 치유하고 평화의 메시지를 전할 예술 프로젝트를 기획했고, 오랜 벗이기도 한 모네에게 대형 〈수련〉 연작을 의뢰했다. 그렇게 탄생한 두 개의 타원형 전시실에는 총 길이 91

타원형 전시실에 걸린 대형 〈수련〉 연작.
그림 속에 들어간 듯한 몰입감이 느껴진다.
빛과 물이 감싸는 명상의 공간.

미터에 달하는 〈수련〉 8점이 걸려 있다.

　동쪽 전시실에는 일출부터 정오까지, 서쪽 전시실에는 오후부터 해 질 녘까지, 시간대별로 다른 빛을 담도록 배치했다. 게다가 자연광이 실시간으로 작품을 비추어, 관람 시간이 달라질 때마다 전혀 다른 인상을 느낄 수 있다.

　백내장으로 시력이 흐려진 노년의 모네가 자유로운 붓 터치로 완성한 이 연작들은, 동양과 서양, 구상과 추상을 아우르는 독특한 경지를 보여준다. 관람객들은 마치 연못 속을 유영하듯, 빛과 물이 어우러지는 세계를 경험하는 듯한 황홀감을 맛본다.

## 빛의 혁명이 남긴 유산

　마침내 지베르니 교회 묘지에 있는 소박한 모네의 무덤 앞에 섰을 때, 나는 그가 걸어온 길을 되짚어 보았다. 르아브르의 소년 화가에서 출발해, 파리에서 전통을 깨뜨린 혁신가가 되고, 지베르니에서 동서양을 넘나드는 예술 세계를 펼친 끝에 현대 미술의 지평을 연 거장으로 자리 잡은 여정이었다.

　1926년 86세로 생을 마감하기까지 그는 빛을 향한 탐구를 멈추지 않았다. 무덤 주변에는 방문객들이 놓고 간 꽃들과 함께, 그가 사랑했던 지베르니의 계절 꽃들이 싱그럽게 피어나고 있었다.

　이번 인상주의 여정을 통해 깨달은 것은, 그들이 단순히 회화 기법을 바꾼 것이 아니라 '세상을 바라보는 시선 자체'를 혁신했다는 점이다. 마네가 현대적 인물을 캔버스에 올림으로써 전통을 깨뜨렸고, 모네가 빛의 순간에 대한 집요한 탐구로 추상미술로 가는 길을 열었다. 사진의 발명으로 '사실적 재현'이 기계에 맡겨지면서, 회화는 더 이상 '똑같이 그리기'에 얽매이지 않고 순간적 빛과 감각을 포착하는 예술로 진화했다. 그 뒤를 이은 신인상주의, 야수파, 추상표현주의까지, 현대 미술의 큰 흐름은 이 '빛의 혁명'에서 비롯되었다고 해도 과언이 아니다.

  파리를 출발, 르아브르의 항구에서 시작해 루앙을 거쳐 지베르니 정원과 오랑주리에 이르는 여정은 150년이 지난 지금도 인상주의 그림들이 왜 여전히 새롭고 아름다운지 가르쳐 준다. 진정한 혁명은 세월이 흘러도 그 의미가 바래지 않는다는 사실을, 나는 다시 한번 깨닫는다.

모네 무덤.
빛을 따라 평생을 그린 화가.
그의 마지막 쉼터에도
계절의 꽃들이 피어난다.

SCENE 02

# 욕망과 예술의 아슬아슬한 경계, 명화 속 에로티시즘

쿠르베의 문제작 앞에서, 나는 오늘날의 시선으로
19세기 에로티시즘을 마주한다.

예술은 때때로 가장 은밀한 욕망을, 가장 찬란한 방식으로 말한다. 나는 그 경계에서 시선을 멈춘다. 한 발짝 더 다가가면 눈부시고, 한 발짝 물러서면 숨이 막히는 장면들. 화려한 누드, 정교한 구도, 관능의 포즈. 그림은 대체 무엇을 말하고 있는 걸까? 혹은 무엇을 숨기고 있는 걸까?

고전 회화 속에는 늘 인간의 욕망이 아슬아슬한 선을 넘나들며 숨어 있다. 그림은 종종 신화나 성경이라는 외피를 두르고 있지만, 그 안에서 우리가 마주하는 건 응시의 쾌락이자 때로는 금기의 유혹이다.

『서양 미술사』의 저자 에른스트 곰브리치는 말했다.

"어떤 것을 볼 준비가 되어 있지 않으면, 그것을 보지 못한다."

그의 말처럼 우리는 그림 속 장면을 보면서도, 그것이 예술이라는 이유만으로 아무렇지 않게 지나쳐버릴 때가 있다. 하지만 가만히 들여다보면, 그 화면 속에는 시대를 관통한 욕망의 흔적들이 겹겹이 숨어 있다. 나는 지금 그 경계의 흔들림을 따라가 본다.

## 태초의 여신인가, 원시의 포르노인가

1908년 8월 7일, 오스트리아 니더외스터라이히주 빌렌도프 근처 다뉴브강 유역. 고고학자 요제프 촘바티에 의해 한 점의 작은 조각상이 발굴되었다.

⟨빌렌도르프의 비너스⟩
손바닥 안에 쏙 들어오는 작은 조각이지만,
압도적인 상징성을 지닌 인류 최초의 여성상.

그것이 바로 기원전 약 25,000년경의 작품, ⟨빌렌도르프의 비너스⟩다. 나는 오스트리아 빈 자연사박물관에서 이 작품을 마주했을 때, 손바닥만 한 돌조각이 어떻게 이런 거대한 존재감을 뿜어낼 수 있을까 하는 충격을 받았다. 풍만하게 과장된 가슴과 배, 엉덩이는 여성성과 생식, 다산을 직접적으로 상징하고 있었다.

누군가는 이를 '태초의 여신'이라 부르며 신성한 상징으로 해석하지만, 또 다른 학자들은 "이렇게 노골적인 성적 표현은 원시 시대의 '포르노'였을 수도 있다"라고 말한다. 유리 진열장 앞으로 다가서면 자연스럽게 떠오르는 질문. '에로티시즘과 외설의 경계는 대체 언제부터 시작되었나?'

이 작은 조각을 바라보는 내 시선은 '엄숙한 숭배의 대상'과 '가장 원초적인 욕망의 표현' 사이를 오락가락한다. 결국 ⟨빌렌도르프의 비너스⟩는 인류 최초의 예술품 중 하나이면서도, 이미 그 안에 에로티시즘의 가능성과 논란을 모두 품고 있었던 셈이다.

## 황금빛 낭만과
## 날것의 욕망

    오스트리아 빈은 예술적 감성이 흐르는 도시다. 다음 장에 다시 등장할 구스타프 클림트*와 에곤 쉴레**. 그들을 이 장에서는 '에로티시즘과 외설'이라는 주제로 이야기하려 한다. 클림트의 〈키스〉와 에곤 쉴레의 〈포옹〉은 내 미술관 순례 중 가장 인상 깊은 '대조의 순간'이었다.

    벨베데레 미술관에서 만난 〈키스〉는 황금빛 장식과 부드러운 곡선미로 사랑의 신비로움을 극적으로 드러낸다. 비잔틴 모자이크에서 영향을 받은 듯한 황금 배경은 성스러움에 가까운 분위기를 연출했고, 실제로 그림 앞에 서면 황금 장식이 빛을 받아 반짝인다. 서로 감싸 안은 연인의 얼굴이 살짝 겹쳐져 있어 더욱 몽환적인 분위기를 자아내고, 관능과 절정의 순간을 암시하는 세밀한 손짓과 표정이 흥미롭다.

    반면, 레오폴트 미술관에서 마주한 쉴레의 〈포옹〉은 정반대의 긴장감을 뿜어낸다. 강렬한 붓 터치와 극도로 왜곡된 인체 표현으로 사랑과 욕망, 불안과 고독이 한순간에 교차하는 장면을 대담하게 포착한다. 두 인물이 뒤엉킨 채 서로를 마주 보는 모습에서는 육체적 친밀감뿐 아니라 심리적 긴장감까지 동시에 드러나, 나는 오히려 섬세한 여운을 느끼게 된다.

    클림트와 쉴레는 같은 시기 빈을 무대로, 비슷한 주제를 다루었으나 표현 양식과 감정의 결이 달라서 두 작품을 연달아 감상할 때 더욱 흥미로운 대비

---

\* 오스트리아 빈 분리파를 대표하는 화가로, 비잔틴 모자이크에서 영감을 얻은 황금빛 기법을 자주 활용했다.
\*\* 클림트의 제자이자, 극도로 솔직한 인간의 욕망과 불안을 표현한 표현주의 화가다.

클림트의 〈키스〉, 쉴레의 〈포옹〉
황금빛 이상과 붉은 욕망, 두 화가가 그려낸 에로스의 두 극점.

가 형성된다.

결국 이 두 그림은 '사랑'이라는 하나의 주제를 통해, 얼마나 다른 얼굴을 예술로 표현할 수 있는지를 보여준다. 둘이 각각 펼쳐낸 에로티시즘의 두 극단을 체감하고 나면, '욕망이 어떻게 아름다움이 되고, 또 어떻게 고통이 되는가?'라는 물음에 대해 한층 더 입체적인 시야를 가지고 나만의 답을 도출하게 된다. '이중성'이 예술과 삶을 모두 포괄하는 새로운 시야를 열어 준다는 것이다.

### 달콤한 향락의 관능적 비상

로코코 시대(1715년 루이 14세 사망 이후부터 1789년 프랑스 혁명 이전)의 프랑스 귀족들은 극도로 장식적이고 우아한 미학 속에 '달콤한 향락'을 숨기곤 했다. 이 시대 작품들이 보여주는 관능적 우아함과 화려한 유희의 정점인 대표작들이 있다. 런던 월리스 컬렉션에 있는 장 오노레 프라고나르*의 〈그네〉가 딱 그런 경우이다. 아름다운 색감의 숲속에서 그네를 타는 여인의 모습은 언뜻 보면 귀엽고 낭만적이다. 그런데 치맛자락 아래 살짝 드러나는 다리, 이를 엿보는 남성의 시선은 금기와 쾌락이 숲속 가득 깃들어 있다. 공중으로 날아간 신발은 은밀한 욕망과 자유분방함을 교묘히 암시한다. 작품에서 당대 귀족들이 즐겼던 향락이 그대로 전해지는 듯하다.

한편 프랑수아 부셰**의 〈레다와 백조〉도 같은 맥락에서 흥미롭다. 그리

---

\* 프랑스 로코코 시대를 대표하는 화가로, 사랑스럽고 아기자기한 장면 안에 종종 관능미를 은유적으로 숨겼다.
\*\* 화사한 색감과 부드러운 질감으로 로코코 미술을 정립한 인물이다.

장 오노레 프라고나르의 〈그네〉, 프랑수아 부셰의 〈레다와 백조〉
로코코 시대의 유희 속에, 달콤하게 감춰진 욕망이 부드럽게 형상화된 순간들.

스 신화 속 제우스가 백조로 변신해 레다를 유혹한다는 이야기를, 로코코 특유의 밝고 화사한 색채로 그려냈다. 레다와 백조의 교합은 어쩌면 '인간과 동물'이라는 금기를 스쳐 지나가는 설정이지만, 부셰는 이를 사랑스러운 파스텔톤으로 포장해 버린다. 에로티시즘을 이렇게 우아하고 매혹적으로 '위장'해낼 수도 있구나 싶어 감탄과 당혹감을 동시에 느낀다.

이렇듯 로코코 미술은 노골적인 욕망마저도 달콤하게 포장하는 데 능숙했다. 작품 앞에 서 있는 내게는 그 화려함과 관능의 조화가 매혹적이면서, 다른 한편으로는 '이런 장면까지 귀엽게 그려버리다니!' 하는 놀라움으로 다가온다.

### 은밀함과 우아함 사이

내가 스페인 마드리드 프라도 미술관에서 마주한 도발적인 누드는 프란시스코 고야* 작품들이었다. '마하Maja'는 스페인어로 '아름다운 여성'을 뜻하는데, 고야는 이 미인의 두 얼굴을 나란히 그렸다. 하나는 〈옷 벗은 마하〉이고, 바로 옆에는 〈옷 입은 마하〉가 걸려 있다. 두 작품을 번갈아 볼 때마다 '우아한 옷을 입었을 때의 마하'와 '아무것도 걸치지 않은 마하' 사이의 간극이 선명해진다. 배경과 포즈는 거의 동일하지만, 옷이 주는 사회적 통념과 벗은 몸이 풍기는 매혹 사이에서 묘한 긴장감이 생긴다.

당시 스페인은 종교적, 도덕적 기준이 매우 엄격했기에, 이 노출은 파격 그 자체였다. 실제로 〈옷 벗은 마하〉는 외설적이라는 이유로 한동안 은밀히 숨겨졌고, 이 작품을 소장했던 권력자 역시 종종 곤욕을 치러야 했다. 나는

---

* 스페인 궁정화가이자 현실 비판적인 판화와 회화로도 유명하다.

두 마하의 시선을 번갈아 마주 보며 생각한다. '옷을 입었다고 해서, 혹은 벗었다고 해서 인간의 본질이 달라지는가?' 도덕과 관능, 사회적 시선과 개인적 욕망이 교차하는 그 경계에서, 예술가들은 늘 질문을 던져 왔다. 그리고 직접적 혹은 우회적인 방법으로 관람객에게 '욕망과 금기의 경계'를 정면으로 들이민다.

'이것은 단지 누드인가, 아니면 우리가 억눌렀던 욕망에 관한 이야기인가?'

## 노골적인 생명의 문

오르세 미술관 1층 중앙 홀로 들어서면 귀스타브 쿠르베*의 〈세상의 기원〉이 멀리서 나의 시선을 끌어당긴다. 아주 작은 캔버스인데, 그 안에 담긴 충격은 결코 작지 않다. 여성의 성기를 극도로 클로즈업한 작품 앞을 지나는 관람객들에게 일종의 '시선 회피'와 '시선의 충격'을 안긴다. '어디를 봐야 하지?'라는 어색함이 밀려온다. 이 작은 캔버스에서 뿜어져 나오는 노골성과 동시에 탄생의 신비로움이 공존하는 것이 아이러니하다. 이토록 직접적인 '생명의 원천', 태아가 나오는 바로 그 '통로'가 예술로 구현되었다는 데 신선한 경외감마저 든다. 물론 '예술적 표현의 자유'라는 이름 아래서도, 오랫동안 이 작품은 전시조차 쉽지 않았다. 사회가 공공연히 터부시한 사적 영역을 쿠르베는 대담하게 그려냈고, 이는 예술이 가진 가장 원초적인 힘, 보이지 않는 것을 드러내고 숨어 있던 금기를 끄집어내는 힘을 다시 한번 증명했다. 나는 이 작은 캔버스 하나가 불러일으킨 파장을 상상하며, 다시금 되묻는다.

* 사실주의를 주도했으며, 〈세상의 기원〉을 통해 회화사의 금기를 과감히 깨뜨렸다.

---

고야의 〈마하〉, 쿠르베의 〈세상의 기원〉
은밀함에서 노골성으로, 예술은 금기의 껍질을 벗긴다.

'예술이란 대체 어디까지 갈 수 있는가?'

## 미美의 탄생,
## 관능의 얼굴들

고대 신화 속 미美의 여신 '비너스'는 르네상스(14세기 초~17세기 초)부터 바로크(17세기 초~18세기 중반)에 이르기까지 여러 거장의 손을 거치며 다양한 모습으로 재탄생했다. 피렌체 우피치 미술관과 런던 내셔널 갤러리를 거닐다 보면, '과연 비너스는 어떤 방식으로 에로티시즘을 예술로 끌어올렸나?' 하는 물음이 자연스럽게 떠오른다.

### 귀족의 침실 속 비너스

우피치 미술관에 걸린 티치아노 베첼리오*의 〈우르비노의 비너스〉는 한눈에 봐도 시선을 똑바로 마주치는 여인의 당당함이 돋보인다. 편안히 누워 있는 비너스, 침대 곁의 꽃과 개, 시녀들은 귀족 문화의 상징으로 해석된다. 하지만 시선이 정면의 관람자에게 마주치는 비너스의 모습은 분명한 관능을 발산한다. 실제로 작품 앞에 서면, '신화 속 여신'이라기보다 '현실 속 누드모델'처럼 느껴지면서, 티치아노가 보여준 부드러운 붓 터치와 풍부한 질감 표현이 더해져 마치 살아 숨 쉬는 듯한 관능미에 압도 당하고 만다.

---

\* 베네치아파 거장, 풍부한 색채와 감각적 질감 표현으로 관람객의 눈을 사로잡는다.

### 신화적 여백에 깃든 에로스

같은 미술관에 걸린 산드로 보티첼리**의 〈비너스의 탄생〉은 훨씬 더 상징적이고 신화적인 분위기를 자아낸다. 바람의 신 제피로스가 비너스를 향해 바람을 일으키고 그녀는 순결하고 우아한 자세로 조심스럽게 몸을 감싼다. 겉으로 보기에는 신비롭고 정숙한 듯하지만, 그 안에는 여성의 육체미를 조심스럽게 감싸 안은 '은유된 에로티시즘'이 숨어 있다. 보티첼리는 종교적 경외심과 신화적 상징을 통해 관능을 더 신비롭고 우아하게 '위장'해 낸다.

### 거울 너머의 응시

디에고 벨라스케스***의 〈로크비 비너스〉('거울 보는 비너스'로도 알려짐)를 런던 내셔널 갤러리에서 보았을 때, 가장 눈에 띈 것은 거울 속에서 관람자를 응시하는 비너스의 표정이다. 거울에 비친 얼굴로 관람자를 의식하게 만든다. 거울 속에 비치는 비너스의 표정은 완전히 선명하지 않아 관람자가 그녀를 훔쳐보는 것인지, 그녀가 관람자를 보고 있는 것인지 애매한 긴장감이 흐른다. 뒤돌아 누운 자세 자체가 평온해 보이지만, 빛과 색채가 부드럽게 어우러져 작품 전체에 은은한 에로티시즘이 깔려있는 느낌이다.

---

** 피렌체 르네상스 중기의 대표 화가. 우아한 선과 신화적 구도가 특징이다.
*** 스페인 황금시대의 궁정화가. 사실적이고 섬세한 빛 표현의 거장이다.

산드로 보티첼리의 〈비너스의 탄생〉, 디에고 벨라스케스의 〈로크비 비너스〉,
티치아노 베첼리오의 〈우르비노의 비너스〉(119쪽). 세 비너스는 서로 다른 방식으로
관능을 이야기하며, 예술이 욕망과 아름다움을 어디까지 확장할 수 있을지를 보여준다.

## 에로티시즘이
## 예술을 만났을 때

원시 시대의 〈빌렌도르프 비너스〉부터 르네상스와 바로크, 로코코, 현대 미술에 이르기까지, 나는 여러 시대와 지역에서 '욕망과 예술의 아슬아슬한 경계'가 얼마나 다양하고 풍성한 해석을 만들어내는지 확인했다. 직접 미술관에서 작품을 마주하면, 책이나 사진으로 볼 때와는 전혀 다른 감각이 깨어난다. 에로틱한 장면 앞에서 사람들이 보이는 미묘한 표정 변화나 속삭임은 시대를 불문하고 크게 다르지 않음을 새삼 실감한다.

결국 에로티시즘은 인간이 지닌 가장 본능적인 욕망이자, 예술을 통해 숭고한 경지로 끌어올려지는 역설의 예술 영역이다. 누군가는 이것을 외설로 치부할 수도 있지만, 작품과 정면으로 마주한 순간 우리는 그 안에 담긴 인간성의 진실, 그리고 시대정신을 직면하게 된다. 그래서 나는 앞으로도 세계 곳곳의 미술관을 누비며, 욕망과 금기의 경계 위를 아슬아슬하게 걷는 걸작들을 찾아다닐 것이다. 그 모호하고도 강렬한 경계가 바로 예술의 매력이자, 인간이 오래도록 탐구해 온 길이기 때문이다.

---

**에로틱한 명화 감상 포인트**

- 작품 감상 전, 작가의 시대적 배경과 의도를 간단히 숙지하면 훨씬 풍부한 해석이 가능하다.
- '왜 이런 구도를 썼을까?', '시선은 어디를 향하고 있을까?', '작가가 숨긴 혹은 강조한 아이콘은 무엇인가?' 등을 스스로 질문해 보면 숨겨진 의미가 서서히 드러난다.
- 사진이나 도판에서 본 것과 실제 원화 혹은 원본 조각상 앞에서의 느낌은 확연히 다르다. 가능하면 직접 미술관을 찾아가 감상할 것을 권한다.

SCENE 02

# 황금빛 도시 빈,
# 분리파를 만나다

빈 공항 수하물 벨트 위 광고판.
클림트의 〈키스〉를 재치있게 활용한 문구 'COME FOR A KISS'는
빈을 예술의 도시로 각인시키는 강렬한 첫 인상이다.

15년 만에 다시 오스트리아 빈 공항에 내렸다. 설렘을 안고 공항 로비로 나오자마자 거대한 광고판에 쓰인 'COME FOR A KISS'라는 문구가 시선을 사로잡는다.

구스타프 클림트의 명작 〈키스〉를 위트 있게 활용한 여행 홍보였다. 이 도시가 뿜어내는 예술의 열기는 여전하다. 그 옆으로는 렘브란트 특별전, 모네와 피카소 전시 포스터, 세계적인 공연 안내가 즐비했다. "역시 빈이야" 하고 혼잣말을 내뱉으며, 15년 만의 빈 예술 기행을 실감했다.

## 보수의 그림자와
## 자유의 서막

19세기 말의 오스트리아-헝가리 제국은 지금과 사뭇 다른, 철저히 보수적인 사회였다. 황실 아카데미가 인정하는 정통 미술, 역사화, 종교화 등만이 주류로 인정받았고, 파격적이거나 실험적인 표현은 '불온하다'며 철저히 배제되었다.

당연히 젊은 예술가들의 불만이 쌓일 수밖에 없었다. 그리고 마침내, 1897년. 구스타프 클림트, 요제프 호프만, 콜로만 모저, 리하르트 게르스틀, 오스카 코코슈카 등은 기존 아카데미와 결별을 선언하고, '빈 분리파 Wein Secession'를 결성한다. 말 그대로 기존 예술계로부터 '분리'한다는 뜻이었다. 그리고

19세기 말 빈 시내 풍경. 당시 빈은 황실과 귀족 후원을 축으로 한 전통 미술의 중심지였다. 하지만 그만큼 보수적 분위기도 강했다.

빈 분리파 전시관(Wein Secession).
예술은 자유로워야 한다는 빈 분리파의 신념이 시작된 자리다.

건물 정면에 이렇게 새겼다.

"시대에는 그 시대의 예술을, 예술에는 그 자유를.(Der Zeit ihre Kunst. Der Kunst ihre Freiheit.)"

이 구호는 보수적 체제 속에서 예술적 자유를 외치던 분리파의 정신을 집약해 놓은 것이었다.

## 베토벤의 선율을
## 벽에 새기다

빈 국립 오페라 하우스에서 조금만 걷다 보면, 하얀 벽과 황금빛 잎사귀 돔이 눈에 띄는 빈 분리파 전시관이 나타난다. 건축가 요제프 마리아 올브리히가 설계한 이 건물은 그 자체로 하나의 예술 작품이다. 황금빛 월계수 잎 모양의 돔은 마치 예술의 승리를 상징하는 것처럼 빛난다. 건물 입구에 새긴 저 구호는 시대정신, 예술의 자유, 전통과의 단절, 혁신 추구 등 빈 분리파의 핵심 철학을 담고 있다.

1902년, 이곳에서 특별한 전시가 열린다. 베토벤 사후 75주년을 기념하는 전시였다. 당시 빈 분리파는 음악, 미술, 건축, 조각을 통합하는 종합예술을 꿈꿨는데, 그 상징으로 베토벤 교향곡 9번 '합창'을 택했다. 베토벤이 추구한 인류애와 환희가 분리파의 자유정신과 잘 어우러진다고 판단했기 때문이다.

나는 건물 지하로 발길을 옮겼다. 그곳에서 마주한 클림트의 〈베토벤 프리즈〉는 압도적이었다. '프리즈Frieze'는 천장 아래 벽면을 장식하는 벽화를 뜻한다. 34미터에 달하는 이 작품은 음악과 미술의 경계를 허물며 총체적 예술을 추구했던 분리파의 정신을 완벽히 구현하고 있다. 베토벤 '교향곡 9번'이

〈베토벤 프리즈〉가 전시된 분리파 전시관 내부.
클림트는 이 공간 전체를 음악처럼 구성해, 관람객이 천천히 걸으며
'고통에서 환희'로 나아가는 여정을 체험하게 만든다.

〈베토벤 프리즈〉의 왼쪽(고통과 유혹)과 오른쪽(환희와 구원) 장면.
벽화 속 서사는, 베토벤 '교향곡 9번'처럼 절망을 넘어 사랑과 이상으로 도달하는
감정의 파노라마를 그려낸다.

전하는 고난과 극복, 그리고 인류의 행복 추구를 클림트는 벽 전체를 감싸는 이미지로 바꾸어 놓았다.

도슨트의 설명이 이어진다. "관람객이 방 안을 걸어가면서 '음악의 흐름을 시각으로 체험'하도록 의도한 점이 매우 독특합니다." 나는 전시실에 마련된 헤드폰을 썼다. 베토벤 '교향곡 9번'이 흘러나온다. 나는 동시에 눈앞에 펼쳐진 파노라마를 눈에 담았다. '음악을 걷는다. 나는, 지금 베토벤을 걷고 있다.'

### 고통에서 환희로,
### 벽화 속 교향곡

벽화의 왼쪽에는 '고통받는 인간상'들이 등장한다. 병이나 빈곤, 죽음에 대한 공포 등 삶의 시련을 상징하는 인물들이 얼굴을 가리고 있거나, 지친 듯 몸을 웅크리고 있다. 여기에 날개 달린 '탄원하는 여인들'이 등장하는데, 이

들은 인간의 무력함을 대변하면서, 동시에 구원을 청하는 존재로 해석된다. 베토벤 '교향곡 9번'이 시작할 때 서서히 다가오는 불안한 음색처럼, 〈베토벤 프리즈〉의 시작도 어둡고 무거운 분위기로 포문을 연다.

중앙으로 시선을 옮기면, 머리카락이 뱀처럼 뻗어 나온 거대한 괴물이 서 있는데, 때로 '악'이나 '공포의 화신'으로 해석된다. 그 주변에 색욕, 유혹, 탐욕, 잔혹함을 상징하는 여성상이나 기괴한 존재들이 둘러싸고 있다. 나는 도슨트의 설명을 듣기 위해 잠시 헤드폰을 내려놓았다. "악마적인 괴물이 인간을 유혹하거나 협박하듯 다가옵니다. 마치 '교향곡 9번'에서 감정의 소용돌이가 최고조로 치닫는 순간을 시각화한 듯하지요. 이 단계를 거쳐야만 진정한 '환희'로 넘어갈 수 있다고 클림트는 본 거예요." '교향곡 9번'과 매칭을 시켜 보니, 마지막 오른쪽 벽화로 자연스럽게 시선을 옮길 수 있었다.

나는 반대편 벽에 기대어 고개를 왼쪽에서 오른쪽으로 천천히 돌렸다. 황금빛이 반짝이는 벽면에는 사랑을 통해 구원받는 사람들이 등장한다. 포옹하는 연인의 모습, 그들을 감싸 안은 듯한 여신들과 뮤즈들의 고리. 혼돈과 고통, 유혹과 두려움의 장면을 지나 마침내 사랑과 예술이 해답이 되는 순간. 〈베토벤 프리즈〉는 그 환희와 정점을 담아내고 있었다.

나는 다시 헤드폰을 썼다. 베토벤 '교향곡 9번'의 클라이맥스 악장, '환희의 송가'가 울려 퍼졌다. 인류애와 사랑으로 해방되는 기쁨의 표현이 나의 청각과 시각에 고스란히 전해졌다. 클림트는 바로 그 순간을 이 벽화에 시각적으로 풀어놓은 것이다.

1902년 전시에 처음 공개됐을 때, 일부 관람객은 이 벽화를 기괴하고 선정적이며 너무 황금 장식에 치우친 도금 예술이라고 혹평했지만, 오늘날 〈베토벤 프리즈〉는 빈 분리파가 이룬 종합예술의 결정체로 평가받으며, 수많은 관람객이 그 상징성과 미학을 체험하기 위해 분리파 전시관을 찾는 성지가 되었다.

## 분리파를 이끈 숨은 별들

빈 분리파의 중심에는 클림트와 쉴레 외에도 수많은 혁신적인 예술가들이 있었다. 콜로만 모저, 요제프 호프만, 리하르트 게르스틀, 오스카 코코슈카. 이들은 당시 보수주의가 장악하고 있던 빈 예술계에 새로운 바람을 일으켰다. 레오폴트 미술관에는 이들의 혁신적인 발자취를 한눈에 볼 수 있는 귀중한 작품들이 전시되어 있다. 그곳에서 나는 가장 오래 발걸음을 멈췄던 작품 앞에 섰다.

1900년 대 초반, 빈 분리파 예술가들이 함께 찍은 희귀 단체 사진.
이 사진은 보수적 예술 아카데미를 떠나 새로운 예술의 연대를 결성했던 순간을 기록한다.

## 사랑과 광기의 예술

내 시선을 가장 오래 붙잡은 것은 오스카 코코슈카였다. 빈 표현주의를 대표하는 화가이자 극작가인 그의 삶에서 가장 극적인 순간은 20세기 초 빈의 뮤즈 '알마 말러'와의 만남이었다. 알마는 빈 음악계의 거장이었던 구스타프 말러의 미망인이었다. 우리에게 너무 유명한 교향곡 2번 '부활'과 박찬욱 감독의 〈헤어질 결심〉에도 쓰였던 교향곡 5번 4악장 '아다지에토'의 작곡가 말러는 1897년부터 1907년까지 빈 궁정 오페라 감독을 지내며 빈 음악계의 혁신을 이끈 인물이다. 그는 1911년, 51세의 나이로 세상을 떠났다.

이듬해, 26세의 코코슈카는 32세의 알마 말러와 운명적으로 만난다. 두 사람은 서로의 예술적 기질에 깊이 매료되었고, 곧 격정적인 사랑에 빠져든다. 그러나 그 사랑은 매우 불안정하고 격렬했다. 코코슈카는 알마를 향한 집착과 사랑을 작품으로 쏟아냈다. 그 시기에 그린 〈바람의 신부〉를 비롯해, 그녀를 주제로 한 그림, 드로잉, 스케치가 무려 400여 점에 달한다고 전해진다.

1915년, 알마가 그를 떠난 뒤, 코코슈카는 극심한 상실감에 휩싸였다. 그는 그녀를 본떠 실물 크기의 마네킹을 제작했고, 이 인형과 함께 연극 같은 파티를 벌인 뒤, 술에 취한 채 인형의 목을 자르고, 와인병으로 머리를 내리치는 퍼포먼스를 연출한다. 예술인가, 광기인가. 사랑에 대한 증오인가, 상실의 몸부림인가. 그는 이렇게 말했다. "사랑에 미친 게 아니야. 작품에 미쳤을 뿐이야." 당대에는 괴이하고 엽기적이라는 혹평을 받았지만, 오늘날 그는 빈 표현주의를 대표하는 선구자로 평가받는다.

 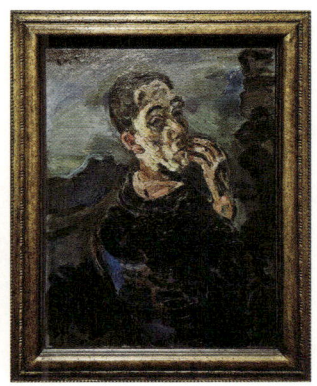 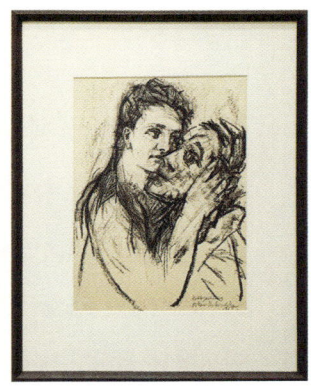

코코슈카의 사진과 자화상, 그리고 코코슈카와 알마 말러가 함께한 자화상.

코코슈카가 상실의 고통 속에서 만들었던 알마 말러. 실물 크기의 마네킹이 재현되어 있다.

## 다시, 두 별을 향해

물론 빈 분리파 하면 가장 먼저 떠오르는 이름은 구스타프 클림트와 에곤 쉴레다. 이들은 스승과 제자로서, 때론 동반자로서 서로 강한 예술적 영향을 주고받았고, 파격적인 삶과 작품으로 지금도 전 세계 많은 이들의 사랑을 받고 있다. 다만 이 장에서는 분리파와 〈베토벤 프리즈〉 중심으로 이야기를 풀어냈기에, 클림트, 쉴레의 개인적 삶과 주요 작품 등은 다음 장에서 더 깊이 들여다보려 한다. 〈키스〉와 〈유디트〉, 쉴레의 강렬한 자화상, 그리고 그들의 드라마틱한 연애담까지, 둘이 남긴 예술의 찬란한 불꽃을 따라가 보려 한다.

스승과 제자로 시작해 서로를 자극하며 당대를 흔든 예술적 유산을 남긴 두 사람.

### 예술이 머무는 도시, 빈

공항에서 마주한 문구 'COME FOR A KISS'. 그 순간부터 시작된 예술의 여정은 〈베토벤 프리즈〉의 황금빛 감동을 지나 레오폴트 미술관 분리파 작품들로 이어졌다. 이 자유롭고 다채로운 분위기는, 한때 보수적 전통과 부딪치며 예술의 혁신을 일으켰던 분리파 예술가들의 땀과 열정 덕분이라는 걸 다시금 깨닫게 된다.

"시대에는 그 시대의 예술을, 예술에는 그 자유를." 100여 년 전 분리파가 던졌던 이 구호가, 오늘도 빈 곳곳에서 생생히 울리는 기분이다.

레오폴드 미술관의 쉴레 앞에서, 벨레데레 궁의 〈키스〉 앞에서, 나는 또 한번 예술의 힘을 느끼고, 빈이라는 도시의 숨결과 정신에 반하게 될 것이다.

이 황금빛 도시는 여전히 자유와 혁신의 이름으로 숨 쉬고 있다.

빈 시내 야경. 밤이 되면 곳곳에서 클래식 콘서트와 전시가 열리고,
예술과 역사가 어우러진 황금빛 풍경이 펼쳐진다.

SCENE 02

# 빈의 황금빛 열정
클림트와 쉴레의 예술로 걷는 기행

벨베데레 궁전 전경. 오스트리아 바로크 건축 양식의
정수를 보여주는 대표 유산이다. 상궁(上宮)에는 클림트의 〈키스〉 등
오스트리아 모더니즘 회화가 전시되어 있으며,
이 황금빛 작품들이 나의 눈과 가슴을 매혹한다.

나는 미술관에서 도시를 읽는다

나에게 빈은 우아한 왈츠 선율이 공기를 감싸고, 고풍스러운 건축물들이 눈앞에서 조화롭게 펼쳐지는 곳이다. 도시 전체가 하나의 거대한 미술관처럼 느껴져, 골목을 한 발 한 발 걸을 때마다 마치 화폭 속으로 걸어 들어가는 기분이 든다.

궁전과 박물관이 밀집한 빈은 예술과 음악으로 가득 차 있다. 초콜릿 케이크로 유명한 자허Sacher 호텔 앞을 지날 때면 달콤한 향기가 은은하게 풍기고, 조금만 발걸음을 옮기면 부르크 극장과 빈 국립오페라극장이 눈앞에 솟아오른다. 거리마다 울려 퍼지는 클래식 선율은, 이 도시가 얼마나 많은 예술가들을 매혹시켜 왔는지를 알려주는 듯하다.

이미 머릿속에는 '빈 분리파' 이야기가 선명하게 그려져 있었기에, 나는 그들의 흔적을 찾아 벨베데레 미술관과 레오폴트 미술관, 그리고 빈 미술사 박물관으로 향했다. 앞 장에서 빈 분리파의 역사와 정신을 따라가 보았다면, 이제는 그 심장부에 자리했던 두 예술가, 구스타프 클림트와 에곤 쉴레를 보다 가까이에서 들여다보고자 한다.

## 황금으로 감싼 욕망,
## 〈키스〉의 탄생

빈을 대표하는 미술관을 꼽으라면 단연 벨베데레 궁전이다. 멀리서 보면

클림트의 〈키스〉 앞은 언제나 인파로 북적인다. 그들 또한 그림의 일부처럼 느껴진다.

웅장한 바로크 양식의 궁전이지만, 문을 열고 들어서는 순간 구스타프 클림트의 〈키스〉가 이곳의 주인공임을 깨닫게 된다. 이 작품을 감상하기 위해 몰려드는 인파가 끊이지 않고, 그 앞에서는 누구나 잠시, 황금빛 침묵에 빠져든다.

황금의 비밀, 〈키스〉는 클림트가 '황금 양식'을 절정으로 끌어올리던 시기에 탄생했다. 몇몇 기록에 따르면, 작품 속 여인의 모델은 그의 오랜 연인이자 동반자였던 에밀리 플뢰게라고 알려져 있다. 고운 금박 장식으로 둘러싸인 두 인물의 포옹은 관능적이면서도 몽환적이다. 배경에는 마치 우주 공간을 연상케 하는 장식 문양이 펼쳐져, 영적이고도 강렬한 사랑의 에너지를 시각화한다.

클림트의 작품을 관통하는 중요한 키워드는 '여성'이다. 구약성서 속 여성 영웅 유디트를 관능적 팜므 파탈로 재해석한 〈유디트〉, 〈다나에〉에서는 신화를 빌려 황금빛 쾌락과 수태受胎의 상징을 그려낸다. 〈죽음과 삶〉에서는 죽음의 어둠과 삶의 찬란함 사이에서 여성의 생명력을 고요하게 대조시킨다.

클림트가 여성 신체를 통해 욕망, 생명력, 아름다움을 극도로 끌어올린 것은 당시 사회, 문화적 맥락과 무관하지 않다. 1900년 무렵 빈에서는 프로이트의 정신분석학이 주목받고, 전통적 규범이 흔들리면서 억압된 욕망과 여성의 몸에 대한 재해석이 활발히 이루어졌다. 클림트는

지그문트 프로이트 박물관.
클림트와 쉴레의 시대, 욕망과 무의식을 탐구한 정신분석의 출발점이다.

화려한 금박과 장식 문양을 통해 여성의 신비로움을 드러냈고, 보수적 예술계의 금기를 깨부수고자 했다. 그리고 그 대담함은 곧 빈 분리파의 선구자로 우뚝 서는 발판이 되었다.

클림트가 남긴 초상화 중에는 20세기 미술 시장을 뒤흔든 작품이 있다. 바로 '오스트리아의 모나리자'라고 불리는 〈아델 블로흐-바우어 부인의 초상 1〉이다. 이 작품은 거액의 경매가와 함께 '우먼 인 골드'라 불리며 대중적으로 널리 회자되었다. 그러나 그 뒤에는 어두운 역사가 숨어 있다. 1938년, 나치 독일이 오스트리아를 병합하면서 블로흐-바우어 가문이 소장하던 이 작품은 강제로 약탈당했다. 유대인 이름을 그림에 사용할 수 없었던 나치 정권 하에서 벨베데레 미술관은 유대인 배경을 숨기려 '우먼 인 골드' 또는 '레이디 인 골드'라는 명칭을 붙였다. 그 후 이 작품의 반환을 둘러싼 소유권 분쟁은 예술, 역사, 정체성의 충돌을 상징하는 사례가 되었고, 2015년 영화 〈우먼 인 골드〉로도 제작되었다. 그림 속 황금빛은 단지 장식이 아니었다. 그 안에는 사랑과 권력, 상실과 회복, 예술의 힘과 국가의 폭력이 뒤얽혀 있었다.

## 불온한 젊음이 그려낸
## 격정의 자화상

클림트가 빈 분리파의 '아이콘'이라면, 그 뒤를 잇는 과감한 표현주의 화가는 단연 에곤 쉴레다. 여러 강연과 책을 통해 그의 작품을 많이 접했지만, 레오폴트 미술관에서 직접 마주한 쉴레의 작품들은 상상을 뛰어넘는 충격을 안겨준다. 쉴레가 19세라는 어린 나이에 클림트의 눈에 띄었다는 것만으로도 흥미로운데, 막상 그의 작품을 눈앞에서 보니 말로 형용하기 어려운 감정

클림트의 〈아델 블로흐-바우어 부인의 초상 1〉
황금빛 모자이크 속에서 우아함과 슬픔이 교차하는, '오스트리아의 모나리자'.

영화 〈우먼 인 골드〉
〈아델 블로흐-바우어 부인의 초상 1〉의 소유권 반환 과정을 다룬 영화로, 나치에 빼앗긴 미술품 반환이라는 역사적 사실을 배경으로 한다.

에곤 쉴레의 영혼이 머무는 공간, 레오폴트 미술관.

이 치밀어 올랐다.

　레오폴트 미술관이 쉴레 작품을 대거 소장하게 된 과정도 드라마틱하다. 1950년 여름, 루돌프 레오폴트는 당시 거의 알려지지 않았던 에곤 실레의 작품을 발견하고 그의 작품을 집중적으로 수집하기 시작했고, 결국 대규모 컬렉션을 국가와 공동 소유하게 되면서 이 미술관이 탄생했다. 쉴레의 예술적 여정을 총체적으로 조망할 수 있는 유일무이한 장소이면서 그의 초기 습작부터 말년의 걸작까지, 쉴레 예술의 전 스펙트럼을 한눈에 살펴볼 수 있다.

　그의 캔버스에는 날 것 그대로의 감정, 매혹적이지만 어딘지 불편한 인체 표현이 거침없이 담겨 있다. 특히 인물의 손과 발, 혹은 표정이 예민하게 뒤틀려 있는 느낌이 강렬하다. 〈자화상〉을 비롯해 여러 그림에서 쉴레는 자기 자신이나 모델의 몸을 특유의 왜곡된 라인으로 그려냈다. 이 그림들은 분명 아름답고 놀랍지만, 동시에 섬뜩하기도 하다. 실제로 외설 시비에 휘말려 투옥된 적도 있었던 만큼 그의 작품들은 항상 논쟁의 대상이었다.

　쉴레의 이런 표현은 어느 날 갑자기 튀어나온 결과물이 아니다. 그는 어린 시절부터 아버지의 죽음과 가족 내 갈등, 심리적 결핍을 겪으며 고독과 불안

쉴레 자화상. 왜곡된 신체와 초점을 잃은 눈빛을 통해 삶과 죽음, 욕망과 고독을 투영한다.

의 나날을 보냈고, 이것이 내면 깊숙이 자리 잡으며 청소년기에 이미 그림으로 분출되었다.

이처럼 불안정한 성장기와 내면적 갈등, 그리고 클림트 같은 스승의 지원이 결합해 쉴레만의 독보적 화풍이 형성된 것이다. 쉴레의 삶은 클림트에 비해 훨씬 짧고 격정적이었다. 그리고 그 격정의 중심에 두 명의 여인이 있었다.

발리 노이질. 쉴레가 19살 무렵 만난 발리는 모델이자 동반자로서, 쉴레의 예술 세계에 깊숙이 관여했다. 때론 무방비한 소녀로, 때론 퇴폐적 이미지로 그려지는 발리의 모습은 쉴레 작품에서 이중적 여성성의 화신처럼 느껴진다. 그러나 쉴레는 다른 여인을 마음에 품게 되고, 두 사람은 결국 이별한다.

이후 그는 에디트 하름스와 결혼하지만, 과거를 정리하지 못한 채 복잡한 감정 속에서 방황한다. 1918년 제1차 세계대전이 막바지에 이를 무렵, 유럽

〈죽음과 소녀〉 절박하게 포옹하는 두 인물.
사랑과 이별, 삶과 죽음이 교차하는 순간을 상징적으로 압축했다.

전역을 덮친 스페인 독감이 비극을 초래했다. 임신 중이던 에디트가 먼저 세상을 떠났고, 불과 며칠 후 쉴레 역시 스페인 독감으로 숨을 거두었다. 겨우 28세의 나이였다.

쉴레의 〈죽음과 소녀〉는 쉴레와 발리 노이질의 관계를 상징적으로 드러냈다는 해석이 많다. 두 인물의 포옹은 삶과 죽음, 사랑과 이별을 극적으로 드러낸다. 쉴레 특유의 왜곡된 인체와 어두운 색채가 작품에 음울한 분위기를 더한다. 이렇듯 강렬한 사랑과 잔혹한 이별, 그리고 죽음이라는 모티프가 작품 속에서 선명히 드러난다. 절박하게 포옹하는 두 인물이 생과 사의 경계를 아슬아슬하게 오간다.

클림트와 쉴레. 침착한 눈빛의 클림트와 긴장감이 흐르는 쉴레, 두 인물의 대비가 인상적이다.

클림트와 쉴레,
그 삶과 예술혼

'클림트와 쉴레가 어떻게 만났고, 서로 어떤 영향을 주고받았을까?'

늘 품었던 이 질문에 대한 단서는 예술사 속에 명확히 남아 있다. 클림트는 쉴레의 재능을 일찍이 알아본 스승이자 후원자였다. 쉴레가 작품 활동에 어려움을 겪을 때면 물질적, 정신적 지원을 아끼지 않았다. 인맥을 총동원해 도왔다고 전해진다. 이미 명성을 얻은 빈 분리파의 대표주자가 젊은 후배 예술가에게 건넨 지원은 쉴레에게 막대한 영향을 끼쳤을 것이다.

하지만 두 사람의 회화적 스타일은 상당히 다르다. 클림트가 장식성과 화려한 색채, 여성의 관능미에 집중했다면, 쉴레는 왜곡된 인체 표현으로 고독과 불안, 욕망을 노골적으로 드러냈다. 스승의 영향 속에서도 스스로의 세계를 확립한 쉴레의 독자성이야말로, 빈 분리파 이후 예술이 얼마나 격렬하게 진화했는지를 보여주는 증거가 아닐까.

빈 기행에서 빼놓을 수 없는 또 다른 보석 같은 장소가 바로 빈 미술사 박물관이다. 이곳은 루벤스, 브뤼겔, 티치아노 등 고전 거장들의 회화가 즐비한 것으로 유명하지만, 나에게는 클림트가 남긴 초기 벽화의 매력에 빠져들게 한

빈 미술사 박물관.

빈 미술사 박물관 계단 천장.
웅장한 바로크 건축 안에 숨어 있는 클림트의 흔적.

공간이기도 하다.

    2층 계단을 오르며 고개를 들어 천장을 바라보면, 웅장한 바로크 건축 속에서 클림트의 작품이 신비롭게 빛난다. 이 벽화는 클림트가 궁정화가로 활동하던 시기에 동료들과 함께 완성한 것으로, 고전적 기법과 세련된 장식 문양이 조화를 이룬다. 특히 인물들의 몸짓이나 옷주름에서 클림트 특유의 미학적 곡선이 돋보이는데, 이는 〈키스〉 등 후기 걸작에서 본격적으로 꽃 피게 될 예고편을 보는 듯하다.

## 드로잉과 소묘 속 내면 풍경

    클림트와 쉴레의 작품들에 빠져들다 보면, 드로잉과 소묘 작품에서 또 다른 매력을 발견한다. 레오폴트 미술관이나 벨베데레 미술관의 구석진 곳에 전시된 이 작품들은, 유명 회화 작품에 비해 주목도는 덜하지만 예술가들의 내면을 들여다볼 수 있는 중요한 키를 쥐고 있다.

    클림트의 섬세한 연필 드로잉이나 쉴레의 과감한 누드 스케치에서는, 화려한 색채나 금박을 걷어내고 순수한 선의 힘으로 인물의 감정과 움직임을 표현하려 한 흔적이 엿보인다. 특히 쉴레의 경우 기괴할 정도로 왜곡된 누드 연작이 인상 깊은데, 선을 통해 절규하듯 터져 나오는 고뇌와 욕망이 적나라하게 다가온다.

    이처럼 알려지지 않은 드로잉과 소묘야말로, 거장으로 우뚝 서기 이전 둘의 고민과 실험이 응축된 산물이 아닐까. 나는 그 속에서 클림트와 쉴레라는 인간 자체의 내밀한 풍경과 마주한 기분이다.

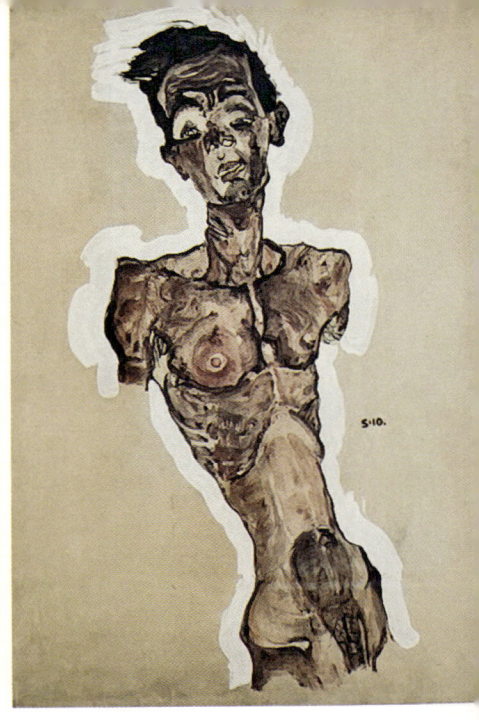

클림트와 쉴레, 색을 거두고 선으로 말한다.
드로잉에서 두 거장의 내면이 가장 날것으로 드러난다.

영화 〈클림트〉와 〈에곤 실레〉
스크린으로 옮겨진 두 예술가의 삶. 영화는 허구와 현실을 넘나들며,
황금빛 시대의 고뇌와 욕망을 되살린다.

## 황금과 광기의 또 다른 걸작들

**〈유디트〉(1901)**
구약성서 속 여성 영웅 유디트를 관능적으로 재해석한 작품. 금박과 화려한 문양, 여성의 기묘한 표정이 결합해 독특한 긴장감을 자아낸다.

**〈다나에〉(1908)**
그리스 신화 속 다나에가 황금빛 빗줄기를 통해 임신하는 순간을 파격적인 구도로 그려냈다. 여체에 깃든 생명력과 신비로움을 극대화한 걸작이다.

**〈죽음과 삶〉(1915)**
죽음의 불가피성과 삶의 아름다움을 한 캔버스에 담아내며, 인간 존재의 양면성을 명료하게 대조시켰다.

**〈무릎을 구부리고 앉아 있는 여인〉(1917)**
특유의 대담한 구도와 섬세한 색채로 여성의 육체성과 내면의 복잡함을 동시에 드러낸다.

**〈가족〉(1918)**
쉴레의 마지막 작품으로, 쉴레 자신의 모습과 임신한 아내(에디트 하름스), 그리고 태어나지 않은 아이를 함께 묘사했다. 삶과 죽음 사이의 경계에서 느껴지는 복합적인 감정이 강렬하게 전해진다.

## 또 다른 감상,
## 스크린 속 클림트와 쉴레

빈 여행을 떠나기 전, 클림트와 쉴레의 삶을 다룬 영화를 찾아보는 것도 좋겠다. 〈클림트〉와 〈에곤 쉴레: 죽음과 소녀〉(한국 개봉 제목은 '욕망이 그린 그림')는 두 예술가의 생애를 입체적으로 그려내면서, 세기말 빈 사회의 보수성과 젊은 예술가의 반항이 부딪치는 지점을 포착한다. 물론 영화적 상상력이 가미된 부분이 없진 않지만, 클림트와 쉴레 특유의 예술관과 삶의 태도를 간접적으로나마 체험할 수 있다는 점에서 의미가 있다. 무엇보다 캔버스를 넘어 살아 숨 쉬는 인물로서 그들을 만날 수 있어 흥미롭다. 1900년대 빈의 분위기를 어느 정도 체험하는 데는 제법 흥미로운 전초전이 될 것이다.

## 세기말 클림트와
## 쉴레가 남긴 예술적 유산

클림트와 쉴레는 빈 모더니즘을 이끈 쌍두마차다. 클림트가 황금빛 장식성과 여성의 매혹을 화려하게 꽃피웠다면, 쉴레는 날것 그대로의 욕망과 고독을 격렬한 선과 색으로 풀어냈다. 세기말의 불안과 갈등, 그리고 새로운 예술을 향한 갈망이 교차했던 빈이라는 도시, 클림트의 황금빛 사랑과 쉴레의 적나라한 영혼의 풍경이 뒤엉킨 빈의 거리가 지금도 선명하게 떠오른다.

나는 도시 곳곳에서 울려 퍼지는 왈츠 선율과 미술관에 전시된 작품들을 통해 '예술과 도시가 어떻게 서로 영감을 주고받는지'를 가슴으로 느낀다. 클림트의 황금빛은 고풍스러운 건물들 위에 아스라이 겹쳐지고, 쉴레의 불온한 붓질은 화려함 뒤에 감춰진 빈의 또 다른 얼굴을 비추고 있다.

레오폴트 미술관에서 만난 쉴레의 자화상 앞에서, 벨베데레 궁전에서 눈부시게 빛나는 〈키스〉 앞에서, 나는 100년 전 예술가의 숨결을 맛보았다. 빈은 나에게 영원히 잊지 못할 예술의 무대다.

빈의 야경, 성 슈테판 대성당. 세기말 예술의 도시 빈이 지닌 전통과 현대의 아름다운 공존을 보여준다.

SCENE 02

# 다 빈치의 마지막 숨결을 따라
# 500년의 시간 여행

석양에 물든 앙부아즈 성과 루아르 강 전경.
500년 전, 다 빈치가 눈에 담았을 풍경이, 아직도 이곳에 머물고 있다.

나는 미술관에서 도시를 읽는다

## 다 빈치의 마지막 도시, 앙부아즈에서

프랑스 앙부아즈 루아르 강변에 늦은 오후 빛이 어스름히 내려앉고 있었다. 노을을 배경으로 앙부아즈Château d'Amboise 성이 요새처럼 우뚝 서 있고, 강 너머로는 소담스러운 마을과 와이너리들이 옹기종기 모여 있다. 4년 전, 이탈리아 전역을 누비며 레오나르도 다 빈치의 자취를 좇았을 때, '언젠가 그가 마지막 숨을 거둔 앙부아즈까지 발걸음을 잇겠다'고 다짐했었다. 그리고 마침내, 그 순간이 찾아왔다.

앙브아즈 성 안쪽에는 생 위베르Saint-Hubert Chapel 예배당이 있다. 바로 이곳에 다 빈치의 무덤이 자리해 있다. 마침 공사가 한창이라 문이 굳게 닫혀 있었지만, 안내문을 통해 그의 생애 마지막 3년을 엿볼 수 있었다.

"레오나르도 다 빈치는 1515년 프랑수아 1세의 초청으로 프랑스에 왔다. '수석 화가, 공학자, 왕실 건축가'라는 직함을 받고, 프랑스아 1세가 마련해 준 앙부아즈 근처 클로 뤼세 성Château du Clos Lucé에 거주하며 말년을 보냈다. 그리고 1519년 5월 2일, 이곳 앙부아즈에서 눈을 감았다."

500년 전 이국땅에서 생을 마감한 천재의 마지막 순간을 떠올리며, 문득 2019년 이탈리아에서 다 빈치를 찾았던 기억이 주마등처럼 스쳐 지나갔다. 지금부터 펼쳐질 이야기는 생의 끝에서도 세상을 향한 질문을 멈추지 않았던 한 천재와, 그 흔적을 따라 걸은 나의 조용한 동행에 관한 것이다.

## 'Dimmi', 호기심으로 연 르네상스의 문

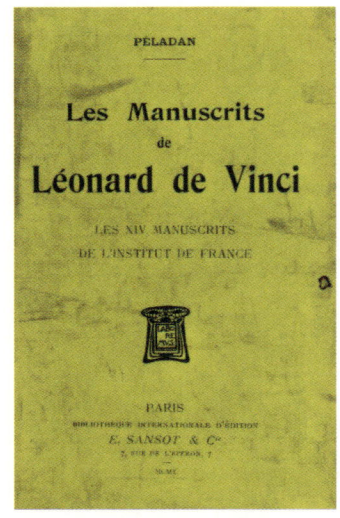

다 빈치의 사유와 호기심이
담긴 프랑스어판 노트.

레오나르도 다 빈치의 노트, 이른바 코덱스Codex에는 한 특별한 문구가 자주 등장한다. 바로 이탈리아어 'Dimmi'로, '나에게 말해줘'. 이 한마디는 다 빈치가 자신과 세상에 끊임없이 던진 질문이자, 르네상스의 서막을 알리는 신호탄과도 같았다. 그는 이 'Dimmi'를 통해 사고 과정을 체계화하고 아이디어를 발전시켰으며 복잡한 문제들을 대담하게 파고들었다.

그의 노트는 단순 기록물을 넘어 창의적이고 분석적인 사고의 집약체였다. 26세 무렵부터 67세로 생을 마감할 때까지, 그는 매일 같이 그림, 도해圖解, 질문 등을 수없이 써 내려갔다. 오늘날 전해지는 7천여 장(추정)의 노트는 전체 중 일부에 불과하지만, 그 안에는 끝없이 확장되는 지식의 세계와, 그것을 향한 다 빈치의 갈망이 고스란히 담겨 있다.

그중에서도 '코덱스 레스터Codex Leicester'는 특별하다. 1994년 11월, 크리스티 경매에서 빌 게이츠가 약 347억 원에 낙찰받아 '세상에서 가장 비싼 책'으로 화제를 모았다. 여기에는 물, 지질학, 천문학 등 자연 현상에 대한 관찰과 이론이 담겨 있어, 다 빈치가 얼마나 폭넓은 분야에 열정을 쏟았는지를 생생히 증언한다.

### 천재의 마지막 작업실

다 빈치의 마지막 3년을 온전히 느껴보기 위해 앙부아즈 성에서 지척에 있는 클로 뤼세 성으로 걸음을 옮겼다. 이름 모를 새들의 지저귐과 나의 발자국 소리가 어우러져, 마치 500년 전 다 빈치가 이 길을 걸었을 때의 발소리처럼 느껴졌다. 노령의 몸을 이끌고도 그는 이 좁은 길을 지나며 'Dimmi'를 끊임없이 되뇌었을 것이다. 해부학 연구, 기계공학 구상 등 그 열정은 끝내 멈추지 않았다. 현재 클로 뤼세 성은 박물관으로 운영되고 있으며, 그가 남긴 발명품 모형과 스케치 복제본들이 전시되어 있다. 다 빈치의 호기심과 탐구심을 고스란히 느낄 수 있는 공간이다.

성 안의 붉은 침실에 들어서는 순간, 19세기 화가 장 오귀스트 도미니크 앵그르의 작품 〈레오나르도 다 빈치의 죽음〉이 떠올랐다. 그림 속 다 빈치는 침대에 누워 있고, 프랑수아 1세가 그의 머리를 받쳐주고 있다. 극적인 장면이지만, 사실 다 빈치가 숨을 거둘 당시 프랑수아 1세는 앙부아즈 성에 없었다고 전해진다.

프랑스 왕이 위대한 천재에게 선물한 클로 뤼세 성. 다 빈치의 마지막 창작 공간.

다 빈치의 말년 작업실이 재현된 클로 뤼세 성 내부.

다 빈치가 마지막 숨을 거둔 침실이다.

앵그르가 바사리의 기록을 토대로 상상해 그린 〈레오나르도 다 빈치의 죽음〉

이 그림은 화가이자 건축가, 미술사학자인 조르조 바사리의 『미술가 열전 Le Vite de' più eccellenti pittori, scultori ed architetti』*에 실린 일화를 바탕으로 앵그르가 재구성한 것으로, 19세기 초 프랑스 왕정을 미화하려 했다는 평도 있다. 상상이 가미된 장면이지만, 다 빈치의 마지막 순간이 후대 예술가들에게도 얼마나 큰 영감을 주었는지를 잘 보여준다.

'Dimmi'가 다시 떠오른다. 왜 하필 이탈리아 출신 천재가 프랑스 앙부아즈에서 눈을 감았을까? 이 물음에 답하기 위해 나는 4년 전으로 돌아간다.

---

* 원제는 '가장 뛰어난 화가, 조각가, 그리고 건축가들의 생애'라는 뜻이다. 르네상스 시대 약 200여 명의 이탈리아 르네상스 예술가들의 생애와 작품이 담긴 미술사의 귀중한 사료이다. 1550년에 초판이, 1568년에 개정 증보판이 출간되었다.

2019년, 다 빈치 사후 500주년을 기념해 떠난 이탈리아 기행, 그리고 그 여정은 더욱 먼 1452년 토스카나 빈치 마을에서 시작된 '한 사생아 소년'의 이야기로 이어진다.

### 천재를 만나러 가는 길

2019년 6월, 나는 월터 아이작슨의 『레오나르도 다 빈치』를 읽고, 이 '벽돌 책'에 완전히 매료되었다. 사생아 출신으로 정규 교육도 받지 못했던 다 빈치가 예술과 과학, 해부학, 기계공학을 넘나들며 어떻게 르네상스 혁명의 상징이 되었는지, 그 놀라운 여정은 내 마음을 단숨에 사로잡았다. 책의 마지막 페이지를 덮자마자 SNS에 "빅뱅 후 현재완료진행형 최고의 천재를 만나러 간다"고 남기고는 곧바로 로마행 항공권을 예매했다. 도착지는 '로마 피우미치노 공항'. 공식 명칭은 '레오나르도 다 빈치 공항'. 다 빈치 서거 500주년이라는 상징적인 해, 그를 향한 나의 인문 순례가 그렇게 시작되었다.

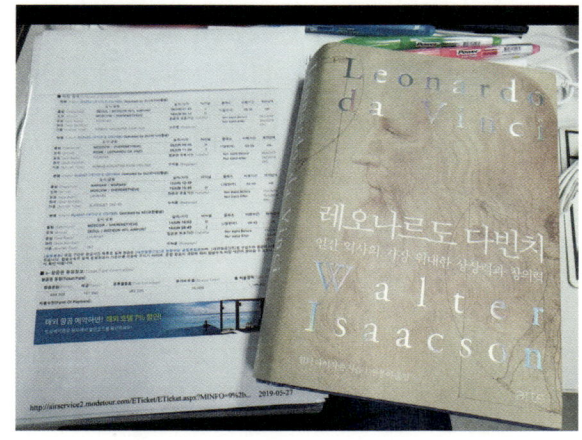

『레오나르도 다 빈치』 한 권과 항공권 한 장.
그 순간이 다 빈치를 향한 여정의 첫걸음이자, 내 삶에서 가장 인상 깊은 인문기행이 되었다.

## 토스카나의 사생아,
## 세상의 천재가 되다

피렌체 산타 마리아 노벨라Santa Maria Novella 역에서 기차를 타고 30여 분, 엠폴리Empoli라는 작은 시골역에 내려 마을버스를 갈아타고, 언덕을 따라 달리다 보니 어느새 토스카나의 작은 마을, 빈치Vinci에 도착했다. 포도밭과 올리브 나무, 키 높이 자란 사이프러스 나무가 만든 풍광은 마치 살아 있는 르네상스 풍경화 같았다.

다 빈치의 고향, 토스카나 빈치 마을.
작은 시골 마을은 다 빈치 사후 500주년을 맞아 나를 반겼다.

특별전에 전시된 다 빈치의 머리카락과 반지.
500년 전 그의 숨결이 유리 벽 너머에서 전해지는 듯했다.

1452년 이 마을에서 부유한 공증인과 농민 출신 여성 사이에서 태어난 레오나르도 다 빈치는 '사생아'라는 신분으로 인해 고등교육을 받지 못했다. 조부모의 손에 자란 그는 오히려 시골 자연 속에서 무한한 호기심을 키우며 포도밭과 시냇물, 언덕을 스치는 바람, 빛과 그림자의 움직임까지 관찰했다. 끊임없는 질문과 관찰이야말로 훗날 그의 천재성을 꽃피운 원동력이 되었으리라 짐작해 본다.

열 살 무렵, 다 빈치는 아버지를 따라 피렌체로 이주했다. 그리고 저명한 조각가이자 화가였던 안드레아 델 베르키오의 공방에 들어가게 된다. 사생아 신분 때문에 법률가나 의사가 될 길은 막혔지만, 예술 공방은 그의 재능을 마음껏 펼칠 수 있는 새로운 우주였다.

이는 훗날 르네상스 최고의 발명가이자 예술가를 탄생시킨 '우회 진로'가 되었다. 〈비너스의 탄생〉으로 유명한 산드로 보티첼리와 함께 작업하며 서로 영감을 주고받았다고 알려져 있다. 조각, 회화, 기술이 한데 어우러진 베로키오의 이 공방은 예술과 과학의 경계를 허무는 좋은 실험장이었고, 다 빈치의 천재성이 날개를 펼치기 시작한 무대이기도 했다.

피렌체는 르네상스 예술이 가장 눈부시게 꽃 핀 도시다. 시뇨리아 광장과

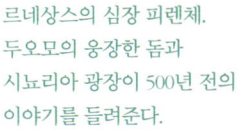

르네상스의 심장 피렌체. 두오모의 웅장한 돔과 시뇨리아 광장이 500년 전의 이야기를 들려준다.

르네상스의 보고, 피렌체 우피치 미술관.
이곳에서 마주한 다 빈치의 초기 걸작 〈수태고지〉와 〈동방박사의 경배〉

두오모의 장엄한 돔을 바라보며 우피치 미술관Uffizi Gallery에 들어섰다. 이곳에서 마주한 다 빈치의 초기 작품 〈동방박사의 경배〉와 〈수태고지〉는 이미 르네상스 미술의 혁신을 예고하고 있었다.

특히 〈동방박사의 경배〉는 스승 베로키오의 영향을 벗어나 독자적인 예술 세계를 펼치기 시작한 다 빈치의 야심작이었다. 비록 미완성으로 남았으나, 그 미완성은 오히려 다 빈치의 끝없는 완벽 추구를 증명해 준다.

레오나르도 다 빈치는 미완성 작품이 많기로 유명하다. '완벽 추구'와 '끝없는 호기심'이라는 양날의 검 때문에, 여러 분야를 동시에 파고들다 보니 한 프로젝트가 완결되기 전에 다른 프로젝트로 옮겨가곤 했다. 그럼에도 불구하고, 〈모나리자〉, 〈최후의 만찬〉, 〈세례 요한〉, 〈바위의 성모〉, 〈지네브라 데 벤치 초상〉 같은 걸작만으로도 인류 예술사에 거대한 족적을 남겼다.

산타마리아 델레 그라치에 성당과 그 안에 그려진 다 빈치의 〈최후의 만찬〉
15분 동안, 예수와 제자들의 마지막 만찬 순간을 영원히 붙잡고 싶었다.

## 숨겨진 상징과 구도,
## 500년의 수수께끼를 품다

밀라노 산타마리아 델레 그라치에Santa Maria delle Grazie 성당. 그 안 벽면에 그려진 〈최후의 만찬〉이 나에게 준 시간은 단 15분이었다. 그 짧은 순간, 나는 500년 전 르네상스의 심장부로 빨려 들어갔다. "너희 중 한 명이 나를 배신하리라." 예수의 한마디가 테이블 위에 떨어지는 순간, 열두 제자의 표정과 몸짓은 일제히 요동친다. 놀람, 분노, 공포, 침묵 등 인간 심리의 복합적 스펙트럼이 한 장면에 응축되어 있다. 다 빈치는 해부학적 지식과 심리학적 통찰을 바탕으로, 그 찰나의 인간 군상을 마치 시간 속에 고정된 연극처럼 표현해냈다.

이 작품이 현대에 와서 『다 빈치 코드』 같은 소설과 영화 속 팩션Faction의 핵심으로 떠오른 이유도 여기에 있다. 누군가는 그 속 인물을 마리아 막달레나로, 누군가는 성배의 상징으로 해석했다. 500년이 지난 지금도, 이 그림은 여전히 질문을 던진다. 그 수수께끼를 부추기는 힘, 상상력을 자극하는 구도와 상징. 바로 그것이 다 빈치를 '끊임없이 재해석되는 아이콘'으로 만든 원동력이다.

## 모나리자, 영원한 미소의
## 비밀을 찾아서

파리 루브르 박물관에서 만나는 〈모나리자〉는 세 번을 보아도 늘 새롭다. 그녀를 바라보는 나의 시선은, 매번 감정과 시간, 그리고 주변 관람객들의 분

500년의 시간을 뛰어넘는 모나리자의 미소.
'루브르 박물관을 먹여 살린다'는 말이 괜히 나온 게 아니다.

위기에 따라 미묘하게 달라졌다.

조콘도 상인의 부인을 그린 초상화로 시작된 〈모나리자〉가 다 빈치의 50년에 걸친 연구와 수정을 거쳐 '인류 최고의 걸작'이 된 사연은 여전히 미스터리에 싸여 있다. 모나리자의 미소가 무엇을 의미하는지는 500년간 논쟁이 끊이지 않는다. 황금비율, 스푸마토 sfumato 기법* 등 기술적인 해석도 많지만, 어쩌면 다 빈치는 '인간 표정에 담긴 가장 미묘한 감정' 자체를 영원히 남기고 싶었던 것이 아닐까. 그 수수께끼 같은 미소가 500년이 지난 지금까지도 우리의 시선을 사로잡는 이유다.

* 이탈리아어로 '연기처럼 흐릿한'이라는 뜻으로, 색과 색 사이의 경계를 부드럽고 자연스럽게 만들어 윤곽선이 안개나 연기에 싸인 것처럼 보이게 하는 회화 기법이다.

앙부아즈의 다 빈치 동상. 나는 그를 '빅뱅 후 현재완료진행형 최고의 천재'라고 부른다.

## 끝나지 않는 다 빈치 코드, 호기심의 유산

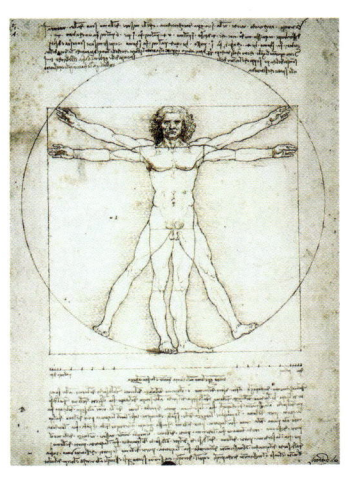

〈비트루비우스적 인간〉
인간과 우주가 하나 되는,
다 빈치가 꿈꾼 완벽한 비례의 미학.

이제 다시 2023년 앙부아즈의 노을로 돌아온다. 4년 전 이탈리아를 누비며 다 빈치의 발자취를 찾아 헤맸던 여정은 그가 마지막 숨을 거둔 이곳에서 마침표를 찍는다. 하지만 이것이 진정한 끝은 아닐 것이다. 내가 찾은 인문기행의 종착점, 생 위베르 예배당 문 앞에 서서 천재 예술가의 마지막 숨결을 그려본다. 빈치에서 태어나 피렌체, 밀라노를 거쳐 프랑스 앙부아즈까지 이어진 그의 인생 궤적을 떠올려본다. 다 빈치는 한평생 예술과 과학의 한계를 넘나들었고, 그의 끝없는 질문과 호기심은 여전히 현재진행형이다. 〈모나리자〉의 미소가 품은 의미, 〈최후의 만찬〉에 숨겨진 상징들, '다 빈치 노트' 속 미완성 기계들이 미래에 어떻게 구현될 수 있을지, 그리고 대중문화에서 끊임없이 재해석되는 '다 빈치 코드'까지. 이 모든 것이 여전히 살아 움직인다. 어쩌면 이 영원한 미완성이야말로 다 빈치가 남긴 진정한 걸작인지도 모르겠다.

호기심과 탐구는 결코 끝나지 않는다. 우리가 질문을 멈추지 않는 한, 다 빈치는 영원히 우리 곁에 살아 있을 것이다. 마치 그가 노트에 적어놓았던 "Dimmi, 나에게 말해줘"처럼, 질문을 던지고 해답을 구하는 호기심과 탐구 정신이야말로 그가 인류에게 남긴 가장 위대한 유산이자 불멸의 선물이 아닐까.

SCENE 02

# 플란다스의 개, 예술과 기억을 찾아서
## 안트베르펜 기행

원작 소설 『플란다스의 개』 초판본(1872년).
내가 넬로를 처음 만난 건 브라운관이었지만,
넬로가 처음 태어난 건 이 책 속이었다.

나는 미술관에서 도시를 읽는다

### 1970년대 애니메이션과 기억

어린 시절 기억 속에 박제된 1977년 '수출 100억 달러 달성' 뉴스는 학교, 신문, TV에서, 또 '똘이장군' 같은 반공영화를 보러 극장에 갔을 때 대한뉴스에서 수없이 홍보했던 그 시대의 자랑거리였다. 어린 나이에 '100억 달러'의 가치는 제대로 판단할 수 없었지만, 그 '100'이라는 숫자가 주는 크기에 '우리나라도 잘 살게 되는구나'라고 막연한 기대를 품었던 시절이었다.

나의 초등학교 시절, 1970년대 대한민국은 '잘 살아보세'에 매몰된 탓에 어린이를 위한 문화 콘텐츠가 턱없이 부족했다. 그나마 집안 책장에 꽂혀 있던 계몽사 '위인전 전집 시리즈', 그리고 「소년조선일보」나 「소년중앙」에 실린 연재 기사와 만화가 문화적 갈증을 해소해 주는 작은 창구였다.

이런 빈약한 문화환경 속에서 일본 애니메이션은 나에게 새로운 상상력의 세계를 열어주었다. 예컨대 '철완 아톰', '마징가 Z'와 같은 SF물들은 미래에 대한 환상을 심어주었고, '알프스 소녀 하이디'나 '플란다스의 개'는 인간의 보편적 정서와 삶의 진실을 섬세하게 그려냈다. 특히 1975년 일본 후지TV에서 방영된 총 52화의 '플란다스의 개'는 그 이듬해 지금의 jtbc 전신이라고 할 수 있는 동양방송(TBC) 전파를 통해 우리 안방극장에 소개됐다. 이 애니메이션은 인간과 동물의 유대관계, 루벤스의 그림을 중요한 모티프로 삼아 예술을 향한 열정과 꿈, 가난과 사회적 불평등, 인간 본성의 선과 악을 모두 담아

아이들은 만화와 어린이 신문 앞에 앉아 작은 꿈을 키우던 시절이었다.
그 시절 나의 작은 우주였다.

내며 전 연령층에게 깊은 감동을 주었다.

원작인 소설 『플란다스의 개』는 1872년 영국인 여성 작가 마리 루이스 드 라 라메가 '위다'라는 필명으로 발표한 작품이다. 빅토리아 시대를 살았던 그녀는 18세기 중반부터 19세기 초반까지 산업혁명으로 급변하는 사회 속에서 고통받는 사람들의 이야기를 담고자 했고, 벨기에 안트베르펜 여행에서

'플란다스의 개'. 어릴 적 기억 속에 머물던 그 장면을, 이젠 나만의 영화관에서 직접 불러낸다. 가끔 나는 그렇게 시간 여행을 떠난다.

영감을 얻어 약 60페이지 분량의 이 짧은 소설을 썼다. 작품은 당시 아동 노동과 빈곤 문제 등을 사실적으로 비판했고, 훗날 일본 애니메이션으로 재탄생하며 '예술가를 꿈꾸는 소년'의 성장 이야기라는 새로운 관점이 더해졌다.

가난한 고아 넬로, 그와 우정을 나누는 개 파트라슈의 이야기를 동심의 눈높이로 그려낸다. 넬로는 우유 배달을 하며 화가의 꿈을 키우고 파트라슈와 함께 온갖 어려움을 헤쳐 나간다. 그들의 우정은 가난과 고난 속에서도 더욱 단단해져 갔다.

여기에 여자친구 아로아와의 순수한 사랑이 더해진다. 이 순수함은 사회적 편견과 가난이라는 벽 앞에 위태롭지만, 넬로가 마지막 소망을 이루는 비극적 결말은 오히려 어린 시청자들에게 더 깊은 울림을 안겨주었다. 나 역시 흑백 브라운관 앞에서 그 마지막 장면을 지켜보며, 어린 마음에 '혹시 넬로가 살 수도 있지 않을까?' 하고 기대했던 기억이 생생하다.

안트베르펜,
넬로를 찾아서

그로부터 수십 년이 흘러, 파리 북역의 시계가 새벽 6시 30분을 가리킬 때 나는 기차에 몸을 실었다. 아침 어스름이 채 가시지 않은 시간, 열차는 벨기에 안트베르펜에 도착했다. 스헬데 강의 하구 도시 안트베르펜은 16세기 이래 유럽의 주요 무역항이자, 다이아몬드 거래와 플랑드르 미술의 본거지로 번성해온 도시다. 상업과 예술이 공존해온 도시답게 독특한 문화가 스며 있었다.

1905년 완공된 안트베르펜 중앙역은 처음 보는 순간부터 나를 압도했다. 네오바로크와 아르누보 양식이 조화를 이루고, 80여 종의 대리석으로 장식된 내부와 웅장한 돔은 19세기 말 당시 벨기에의 번영과 문화를 타임슬립 해서 보여주고 있었다. 세계에서 가장 아름다운 역이라는 표현이 결코 과장이 아니었다.

안트베르펜 중앙역.

안트베르펜 중앙역 내부.
시간의 무게를 견디며, 지금도 여행자들을 조용히 맞이하는 궁전 같은 역.

'플란다스의 개' 배경이 됐던 안트베르펜의 이른 아침 공기 속에서 어쩌면 넬로도 이 역사 주변을 서성였을지 모른다는 생각에, 나는 잠시 발걸음을 멈췄다. 그리고 넬로의 시선을 따라 걷기 시작했다. 넬로와 파트라슈의 마지막 발걸음을 따라 안트베르펜 성모대성당으로 향했다. 30여 분쯤 걸었을까. 고딕 양식의 첨탑이 청명한 가을 하늘로 곧게 치솟은 대성당이 눈앞에 모습을 드러냈다. 흑백 TV 속에서 보았던 그 장면들이 현실이 되어 눈앞에 펼쳐지자, 가슴 한편이 벅차올랐다.

## 예술과 계급, 넬로와 루벤스

성모대성당. 고딕 양식의 첨탑이 하늘을 찌르듯 솟은, 안트베르펜의 상징 같은 풍경.

성모대성당은 1352년에 착공해 169년에 걸쳐 완성된 고딕 건축물이다. 123미터 높이의 첨탑이 가을 하늘을 가르며 우뚝 솟아 있고, 내부로 들어서면 더 극적인 장면이 펼쳐진다. 제단 뒤 세 갈래 스테인드글라스 창으로 쏟아져 들어오는 빛이 어둠과 대비를 이루어 마치 루벤스의 회화 속 한 장면 같았다. 빛과 어둠이 극적으로 대조되는 순간이었다. 손바닥으로 나의 시야 폭을 제한했던 빛을 가리자, 어둠 속에 가려져 있던 것들이 서서히 모습을 드러냈다. 그것은

스테인드글라스를 통과한 빛이 정숙한 성당 내부를 감싼다.

〈십자가에서 내려짐〉,〈십자가에 올려짐〉,〈성모 승천〉 구원과 영광이 교차하는 루벤스의 세계.

다름 아닌 넬로가 그토록 갈망했던 17세기 바로크 미술의 거장 페테르 파울 루벤스의 걸작들이었다.

〈십자가에서 내려짐〉은 예수의 시신을 십자가에서 내리는 순간의 비통함을, 〈십자가에 올려짐〉은 처형 직전의 극적인 긴장감을, 〈성모 승천〉은 천상으로 오르는 성모의 영광을 담았다. 극적인 구도와 강렬한 명암대비, 역동적인 인체 표현으로 종교적 드라마를 구현한 이 작품들은, 단순한 종교화를 넘어 인간 구원의 장대한 서사시처럼 다가왔다. 이는 17세기 바로크 미술이 종교개혁 이후 가톨릭교회의 반종교개혁 운동과 맞물려 발전했으며 루벤스의 작품이 이러한 바로크 미술의 정수임을 보여준다.

루벤스는 당대 최고의 특권층이었다. 저명한 법률가의 아들로 태어나 최고의 교육을 받으며 성장했다. 한마디로 금수저였다. 그의 아틀리에는 40여 명의 제자와 보조 화가들이 함께 작업하는 거대한 예술 공장이었다. 반면 넬로는 이와는 정반대의 삶을 살았을 것이다. 외할아버지와 오두막에서 궁핍하게 살아간 그는 유럽 사회의 가장 낮은 곳에 있었다. 한쪽은 교회와 귀족의 후원을 받아 거대한 캔버스를 채워가는 '금수저 화가'였고, 다른 한쪽은 생계를 위해 우유 배달을 하면서도 예술의 꿈을 놓지 못했던 '흙수저 소년'이었다.

한 가지 의문이 내 마음을 맴돌았다. 넬로는 루벤스의 그림에 왜 그토록 강렬한 끌림을 느꼈을까? 아마도 넬로에게 루벤

17세기 유럽 화단의 중심에 있었던 루벤스의 자화상.

스의 작품은 단순한 예술 작품이 아닌, 가난과 고독으로 점철된 그의 삶에서 자신이 도달할 수 없지만 끝내 포기할 수 없던 희망의 상징이었던 게 아니었을까? 두 사람의 극명한 대비는 개인의 이야기를 넘어 17세기 유럽 사회의 계급 구조와 부의 불평등을 적나라하게 보여주고 있다.

나는 TV 방영 당시 마지막 회를 잊을 수 없다. 어떤 경로였는지 기억이 안 나지만 난 이미 결말을 알고 있었다. 그럼에도 넬로가 살 수도 있을 거라는 기대를 가지고 마지막 엔딩을 지켰다. 넬로가 성당 안에서 루벤스의 〈십자가에서 내려짐〉을 보고 짧은 행복을 느끼는 순간 결국 파트라슈와 함께 눈을 감는 장면이었다.

아름답지만 춥디추운 크리스마스 이브. "그림을 봤어. 소원을 이루었어. 정말 행복해."

만화영화는 그 대사와 함께 끝을 맺는다. 극심한 가난에 시달렸던 넬로는 금수저 루벤스의 그림을 보고 떠난 것이다.

바로크의 이중주,
루브르에서 성모대성당까지

넬로가 나를 안트베르펜으로 이끌었고, 안트베르펜에서 만난 루벤스는 자연스레 파리 루브르 박물관에서 마주했던 루벤스 작품들을 떠올리게 했다. 이른 아침 폭우를 뚫고 첫 입장객으로 루브르의 문을 열었던 그날이 선명하다. 얼리버드의 특권은 크다. 아무도 없는 공간에서 오직 나 혼자만의 시간 속에서 작품과 단둘이 마주할 수 있기 때문이다. 메디치 갤러리, 일명 루벤스 방으로 가는 길. 그 중간에 서 있던 〈사모트라케의 니케〉는 조용히 내게 길을

〈사모트라케의 니케〉 첫 번째로 루브르에 입장하면 니케상을 이렇게 전세 내듯이 바라볼 수 있는 호사를 누린다. 승리의 여신 니케는 고대 그리스의 미를 품은 채,

메디치 갤러리. 60미터의 전시실을 가득 채운 루벤스의 서사.
화려한 권력의 대서사시가, 고요한 갤러리에서 나를 마주한다.

〈마리 드 메디치의 대관식〉
루벤스는 이 한 장면에 권력의 찬란함과 허상을 함께 담았다.

안내해주던 조각 같았다.

메디치 갤러리는 길이가 약 60미터에 달하는 전시실이다. 이 긴 전시실에서 천장까지 닿을 듯한 거대한 캔버스들은 마치 영화관의 스크린처럼 웅장하다.

1621년 마리 드 메디치가 루벤스에게 의뢰한 〈마리 드 메디치의 생애〉 연작 24점은 각각이 하나의 장대한 서사시를 이룬다. 메디치 가문의 마리는 앙리 4세와 결혼해 프랑스 왕비가 되었고, 아들 루이 13세의 섭정을 맡았다. 이후 어머니와 아들 사이의 정치적 갈등, 추방과 화해 등 그녀의 파란만장한 삶을 루벤스는 신화적 알레고리와 현실의 초상을 뒤섞어 표현해 냈다. 나는 특히 〈마리 드 메디치의 대관식〉 앞에서 긴 시간을 보냈다. 화려한 궁정 의상과 금빛 장식들, 그 안에 묻힌 인간의 욕망과 불안. 루벤스는 단지 가문을 찬양한 것이 아니라, 권력이라는 이름의 무게를 화폭 안에 비틀어 담아냈다.

이 작품은 안트베르펜 성모대성당에서 만난 루벤스와는 또 다른 얼굴이다. 성모대성당에서 루벤스가 영혼의 구원을 이야기했다면, 루브르의 루벤스는 권력의 야망과 그 이면을 조용히 꿰뚫고 있었다. 그 두 개의 시선 사이에서, 나는 자연스레 넬로를 떠올렸다. 세상은 여전히 불공평하고, 예술은 그 불공평을 증언한다. 그날의 넬로처럼 나는 루벤스 앞에서 긴 시간을 멈춰 섰다.

## 시간을 넘어선 순례, 문화의 힘

오늘날 안트베르펜은 새로운 '문화 순례지'가 되었다. 특히 한국과 일본 관광객들은 '플란다스의 개'의 이야기를 찾아 이 도시를 찾는다. 성모대성당은 물론, 넬로가 살았던 것으로 알려진 호바켄 마을까지, 애니메이션 속 장면들을 순례하듯 거닌다. 이야기의 힘이 시공을 뛰어넘어 새로운 문화적 의미를 만들어내는 모양이다.

나는 성모대성당의 루벤스 작품들 앞에서 넬로와 파트라슈의 마지막을 중첩시켜 본다. 이 그림들은 단순히 바로크 미술의 거장 루벤스의 예술 작품이 아니다. 어린 시절 브라운관을 통해 마음에 새겨진 깊은 감동과 넬로의 마지막 순간이 만나는 것이다.

이제 1970년대 흑백 브라운관에서 시작된 나의 여정은 안트베르펜과 파

성모대성당 앞 광장의 넬로와 파트라슈 동상.
많은 관광객들이 발걸음을 멈춘다.

리를 지나 오늘로 이어졌다.

"그림을 봤어. 소원을 이루었어. 정말 행복해."

넬로의 마지막 대사는 시대와 계급의 장벽을 넘어 지금 우리에게 말을 건넨다. 예술은 때로는 위로가 되고, 때로는 침묵 속에서 질문을 던진다. 한 세기가 훌쩍 넘어, 그 감동이 여전히 우리의 가슴속에 살아 있는 이유다.

SCENE 02

# 마드리드의 빛과 그림자 속으로
# '황금 삼각형' 예술 기행

겨울 햇살이 내려앉은 마드리드의 아침.
거리와 건물이 그 빛에 스며들며, 한 폭의 그림처럼 다가온다.

나는 미술관에서 도시를 읽는다

1월의 이른 아침, 마드리드의 차가운 공기가 맑은 햇살에 비춰 투명하게 빛난다. 유럽의 겨울이라고 하면 으레 잿빛 하늘과 비 내리는 풍경을 떠올리기 쉽지만, 마드리드는 겨울마저 화사하게 밝혀주는 도시다. 골목 사이로 살짝 끼어드는 햇살은 마치 무대 조명처럼 사물을 도드라지게 한다.

나는 그 빛을 따라, 스페인 예술의 정수라 불리는 '황금 삼각형Golden Triangle of Art' 여행을 시작했다. 바로 프라도 미술관Museo del Prado, 티센-보르네미사 미술관Museo Nacional Thyssen-Bornemisza, 그리고 레이나 소피아 미술관Museo Nacional Centro de Arte Reina Sofía. 고전부터 근현대를 거쳐 현대미술까지, 단 하루 만에 모두 만나볼 수 있다는 생각에 발걸음이 절로 가벼워진다.

## 화려함과 비극이 교차할 때

'황금 삼각형'의 첫 여정은 스페인 최고最古의 국립미술관인 프라도 미술관이다. 1819년 페르난도 7세 시기에 처음 문을 열었고, 애초에는 '과학 박물관'으로 기획되었지만, 점차 왕실 컬렉션을 통합 전시하면서 스페인 고전 미술의 보고寶庫가 되었다.

웅장한 건물 외벽을 따라 걷다 보면, 서로 다른 표정의 두 조각상이 나를 맞이한다. 디에고 벨라스케스와 프란시스코 고야다. 이름만 들어도 떠오르

프라도 미술관 앞 벨라스케스와 고야.
한 사람은 황금 세기의 궁정 화가, 다른 한 사람은 전쟁과 민중의 시대를 그려낸 예술가.
두 거장이 나란히 선 모습은, 스페인 미술의 빛과 그림자를 상징한다.

는 거장들이지만, 두 사람이 한 공간에서 동시에 웅크린 채 혹은 당당하게 서 있는 모습은 묘하게 인상적이다. 의자에 앉아 붓과 팔레트를 들고 있는 벨라스케스 동상의 표정에는 고고한 왕실 화가의 기품과 자신감이 자연스레 녹아 있다. 반면 고야는 서 있는 자세부터가 묘하게 날이 서 있다. 왕실 초상화가인 동시에 전쟁과 민중의 비극을 그려낸 화가였던 그는, 마치 '이것도 스페인이다'라고 말하듯, 나를 바라본다.

한 사람은 17세기 합스부르크 왕가의 전성기를 화폭에 담아냈고, 다른 한 사람은 19세기 스페인 독립전쟁의 참상을 적나라하게 그려냈다. 그리고 이 둘이 나란히 서 있는 장면은 마치 '화려함과 비극이 교차하는 스페인'을 예고하는 듯 보인다.

### 벨라스케스, 시녀들, 그리고 합스부르크 왕가의 찬란함

프라도 미술관 안으로 들어서자, 고딕, 르네상스, 바로크 시대를 망라하는 궁정 컬렉션이 눈앞에 펼쳐진다. 한껏 웅장한 분위기를 풍기는 공간이다. 나는 곧장 벨라스케스의 전시실로 향했다. 나의 프라도 '원픽' 작품 속 인물들과 눈을 마주치기 위해서다. 전시실 한쪽 벽을 가득 채운 커다란 캔버스. 바로 그 작품, 스페인 고전 미술의 정수라 불리는 〈시녀들〉이다. 처음 실물을 봤을 때의 느낌은 설명하기 어려울 정도로 강렬하다. 온몸으로 전해지는 압도적인 기운에 잠시 숨이 멎는다. 프라도 미술관에서는 촬영이 금지되어 있어, 나의 시선은 캔버스 속 인물들을 끊임없이 좇게 된다.

그림 중앙에는 어린 인판타 마르가리타 공주가 시녀들과 함께 서 있고, 왼

〈시녀들〉 그림 안과 밖, 주체와 객체의 경계가 무너지는 순간,
우리는 작품 속 인물들과 눈을 마주친다.

쪽 구석에는 캔버스 앞에서 붓을 들고 서 있는 화가 벨라스케스 본인의 모습이 보인다. 무엇보다도 흥미로운 건, 작품 속 인물들의 시선이 모두 '나'를 향하고 있다는 점이다. 마치 '우리가 너를 보고 있다'는 듯한 시선의 교차가 그림 밖 현실과 뒤엉킨다. 〈시녀들〉은 단순한 궁정 초상화가 아니다. 이 작품은 '예술가의 역할', '현실과 환상의 경계'를 탐구하는 혁신적 회화 실험이다. 그림 속에 화가가 직접 등장하고, 거울 속 세계가 또 다른 현실을 암시하며,

〈시녀들〉 속 주요 인물 구별하기

❶ 화가 벨라스케스: 붓과 팔레트를 들고 있는 자신을 직접 그렸다.
❷ 인판타 마르가리타 공주: 가장 밝은 조명을 받는 어린 공주.
❸ 시녀들: 마르가리타 곁에서 기분을 살피거나 물건을 건네는 역할.
❹ 난쟁이와 하녀: 당시 궁정에서 '광대'처럼 왕실의 일상에 참여한 인물들.
❺ 거울 속 왕과 왕비: 거울에 작게 반사된 인물. 그림을 '바라보는 존재'이자, 동시에 '그림 속 인물'이기도 하다.

나의 시선까지 이 서사에 개입된다. 여기 등장하는 왕가는 바로 합스부르크 Habsburg 가문이다. 16~17세기 유럽을 호령하며 스페인 '황금 세기Siglo de Oro'를 이끈 이 왕조의 권위, 그리고 궁정 문화가 이 작품에 고스란히 녹아 있는 셈이다.

나는 대작을 감상할 때 최소 5분 이상 한 작품 앞에 머문다. 처음에는 전체적인 구도, 다음으로 세부적인 부분들을 살피고, 마지막으로 빛과 그림자의 효과를 음미하는 방식이다. 〈시녀들〉처럼 복잡한 구도와 다층적 의미를 지닌 작품은 한 번의 시선으로는 그 깊이를 다 읽어낼 수 없다. 합스부르크 왕가가 누린 찬란함과 더불어, 예술가가 세계를 어떻게 재창조하고 있는지, 그야말로 화려함과 탐구 정신의 교차로다. 현실과 그림의 경계를 뒤섞는 이 혁신적 구도 속에서 합스부르크 왕가가 누렸던 화려함과 벨라스케스 자신의 야심이 절묘하게 어우러져 있다.

## 고야와 마주한 스페인의 어둠

벨라스케스가 그려낸 궁정의 빛을 뒤로하고 전시실 더 깊숙이 들어갔다. 프란시스코 고야의 작품 〈1808년 5월 3일〉을 마주했다. 순간 머릿속이 멍해졌다. 흰 셔츠를 입은 한 남자가 두 팔을 번쩍 든 채 서 있다. 그 앞에는 총구를 겨눈 프랑스 병사들이 줄지어 있다. 등을 돌린 스페인 시민들의 뒤로는, 어둡고 차가운 밤의 기운이 밀려온다.

'흰색 셔츠의 저 남자는 과연 어떤 마음으로 두 팔을 들었을까?' 그 질문이 나를 사로잡는다. 공포일까, 항복일까, 아니면 마지막 저항일까? 그의 표정

〈1808년 5월 3일〉 빛을 받아 더욱 도드라진 흰 셔츠를 입은 남성의 공포와
총을 겨눈 병사의 무자비함이 선명한 대조를 이룬다.

에는 이 모든 감정이 복합적으로 담겨있다.

이 작품은 나폴레옹의 프랑스 군대가 마드리드를 무참히 짓밟았던 스페인 독립전쟁의 비극적 사건을 고야가 직접 목격한 뒤 그린 것이다. 왕실 화가였음에도 그는, 전쟁 속 민중의 고통과 절규를 숨김없이 담아냈다.

특히 눈에 띄는 건 캔버스 안의 '빛'이다. 흰옷을 입은 남자에게 떨어지는 빛은 구원이 아닌, 오히려 그 절박함과 고통을 냉정하게 드러내는 스포트라이트처럼 느껴진다. 이 강렬한 대비 속에서 나는 전쟁의 공포를 온몸으로 느꼈고, 자연스럽게 인간 존엄성과 폭력의 경계에 대해 다시 생각하게 된다. 고야는 '이것이 전쟁의 본질'이라며 관람자를 직시하게 한다.

벨라스케스의 궁정 속 화려함과 고야의 민중 속 비극이 한 미술관에 공존한다는 사실. 그것이 바로 프라도가 품고 있는 스페인 역사의 복합적인 얼굴 아닐까.

## 중세부터 현대까지, 다양성의 향연

프라도를 나와 작은 카페에 들렀다. 진한 에스프레소 한 잔을 마시며 생각을 정리했다. 궁정과 민중, 밝음과 어둠이 교차했던 프라도의 시간 여행은 꽤나 진한 여운을 남긴다. 에스프레소 향을 뒤로하고, 황금 삼각형 여정의 두 번째 목적지인 티센-보르네미사 미술관으로 향했다.

1930년대 독일 출신의 재벌 하인리히 티센이 수집한 방대한 유럽 회화 컬렉션이 뿌리가 되어, 스페인 정부가 사들인 뒤 1992년 지금의 미술관을 열었다. '프라도가 스페인 고전이라면, 티센은 유럽 전역을 아우른 백과사전'이라

티센-보르네미사 미술관. 르네상스의 빛에서 초현실의 꿈까지,
시간을 넘나드는 예술이 이곳에 머문다.

는 말이 딱 들어맞는 곳이다.

　미술관 안으로 들어서면 정말 시대와 사조가 다채롭게 공존한다. 한쪽 방에서는 고전주의가, 복도를 돌면 인상주의가, 또 다른 층으로 올라가면 초현실주의가 펼쳐지는 식이다.

## 낯선 도시에서
## 스며드는 고독

　여러 작품을 둘러보던 중 에드워드 호퍼의 〈호텔 방〉 앞에서 발길이 멈췄다. 미국 화가인 호퍼의 작품이 이곳 티센 컬렉션에 있다는 게 조금 의외였지

〈호텔 방〉 낯선 도시의 외로움을 최소한의
색으로 담아낸 호퍼. 한 번 보면 쉽게 잊히지 않는 장면이다.

만, 작품이 뿜어내는 기묘한 공기가 나를 붙잡았다.

캔버스에는 무릎 위에 서류 같은 것을 펼쳐 둔 여인이 호텔 침대 위에 멍하니 앉아 있다. 차가운 전등 빛이 방 안을 비추고 있지만, 표정도, 생동감도 없다. 문득 내가 낯선 도시에서 하룻밤을 지내던 어느 순간이 떠오른다. 도시적 삶이 낳은 익명의 고독, 호퍼가 늘 포착하려 한 주제이기도 하다.

그는 과장된 연출도, 화려한 색감도 없이, 극도로 절제된 구도로 쓸쓸함을 극대화한다. 나도 모르게 '저 여인은 무슨 사연으로 저 서류를 붙들고 있을까?'를 상상하게 된다. 작품이 불러일으키는 심리적 잔향이 꽤 오래 남는다.

나에게 미술 감상이란 단순히 '보는' 것을 넘어 '느끼는' 것이다. 특히 호퍼의 작품 앞에서는 그림 속 인물이 되어 보는 상상을 한다. 내가 저 객실에 있다면 어떤 기분일까? 창밖은 어떤 풍경일까? 이런 질문들이 작품과의 교감을 더 깊게 만든다.

## 색으로 가득한 낙원

호퍼의 쓸쓸함을 뒤로하고 몇 걸음 옮기자, 이번엔 폴 고갱의 〈마타 무아〉가 눈앞에 펼쳐진다. 타히티 풍경을 담아낸 이 작품은 강렬한 원색으로 화면을 가득 채운다.

캔버스 속 여인들의 느긋한 일상, 숲과 땅과 하늘이 뿜어내는 선명한 색감은 도시의 삭막함과 정반대다. 어쩌면 이렇게도 극명할까. 한쪽은 현대 도시의 외로움, 다른 한쪽은 자연 속 낙원의 여유. 티센에서는 이렇게 전혀 다른 에너지가 동시다발적으로 펼쳐진다.

〈마타 무아〉는 타히티어로 '옛날 옛적에'를 뜻한다. 문명사회 규범을 벗어

〈마타 무아〉 타히티에서 영감을 받은 고갱.
원색의 강렬함과 원시적 낙원의 이미지가 캔버스 위에 자유롭게 펼쳐진다.

나 원초적 자연과 조화로운 삶을 꿈꾼 고갱의 갈망이 오롯이 담겨있다. 그림을 한참 들여다보니, 내가 지금 스페인이 아니라 남태평양 어디쯤에 와 있는 듯한 착각마저 든다.

색채가 주는 감정적 효과를 가장 잘 보여주는 화가 고갱. 그의 작품을 감상할 때는 각 색상이 불러일으키는 정서에 집중해 보는 것이 좋다. 빨강은 열정, 파랑은 평온, 노랑은 기쁨. 고갱은 이러한 색의 심리적 효과를 통해 자신이 체험한 타히티의 정서를 우리에게 전하고자 했다. 이렇게 호퍼와 고갱이 한 공간에 존재할 수 있다는 것, 그것이 바로 티센의 매력이다.

## 압도적 회색빛 절규

하루를 꼬박 미술관에서 보냈지만, 아직 마지막 목적지가 남아 있다. 바로 레이나 소피아 미술관이다. 18세기 왕립병원을 개조해 1992년 근현대미술관으로 탈바꿈한 이곳은, 이후 피카소, 달리, 미로 등 스페인 현대미술 거장

레이나 소피아 미술관. 시간의 흔적을 품은 공간이 이제는 〈게르니카〉를 품고 있다.

〈게르니카〉 회색빛 캔버스 위로 파편화된 말과 인간의 비명이 들려온다.
7.77×3.49미터 크기의 웅장함이 관람객을 압도한다.

들의 작품을 영구 소장하며 '스페인 예술의 혁신과 저항'을 한자리에서 보여주는 공간이 되었다.

　미술관 앞에 도착했을 때, 이미 해가 기울어 하늘이 붉게 물들고 있었다. 문득 〈게르니카〉를 만나기 좋은 시간대라는 생각이 스친다. 그 거대한 그림

과 마주하기 위해 나는 발걸음을 서둘렀다.

전시실에 들어서자마자 벽 한 면을 완전히 채운 피카소의 〈게르니카〉가 시선을 사로잡는다. 가로 7.77미터, 세로 3.49미터에 이르는 대형 캔버스는 온통 흑백과 회색 톤으로 뒤덮여 있다. 직접 마주하니, 말 그대로 압도적이라

는 표현 외에 할 말이 없다.

　이 전시실은 다른 공간들과는 다른 분위기를 품고 있다. 관람객들의 발소리조차 조심스러워지고, 웅성거림 대신 정적이 흐른다. 모두가 묵념하듯, 이 회색빛 절규 앞에서 조용히 숨을 고른다.

　1937년 스페인 내전 당시, 독일군 폭격으로 바스크 지방의 게르니카 마을이 무참히 파괴됐다. 참상을 고발하기 위해 피카소가 단 몇 주 만에 그려낸 이 작품에는 말, 황소, 찢긴 팔다리, 울부짖는 표정 등 온갖 상징이 뒤엉켜 있다. 색채가 완전히 배제된 탓에, 캔버스는 마치 전쟁 뉴스 사진을 그대로 옮겨놓은 듯한 비극적 기록물처럼 보인다. 그림 한가운데 걸린 전등 불빛은 어둠을 밝혀주는 희망이라기보다, 고야가 〈1808년 5월 3일〉에서 사용했던 '비극을 더 적나라하게 드러내는 스포트라이트'를 떠올리게 만든다. 이 앞에 서 있으면, 몇백 년 전에 고야가 전쟁의 참상을 그렸던 그대로, 시대가 변해도 여전히 폭력과 비극은 반복된다는 사실이 서늘하게 다가온다.

　전시실 한쪽에는 〈게르니카〉 제작 과정에서 남긴 수많은 초기 스케치가

〈게르니카〉 초기 스케치. 말을 그리는 여러 밑그림이 보인다.
폭격의 참상을 어떻게 상징화할지 피카소의 치열한 고민의 흔적이 담겨있다.

함께 전시되어 있다. 피카소는 말과 황소, 울부짖는 여인을 수십 번씩 반복해 그리며, 고통과 폭력의 이미지를 어떻게 상징화할지를 끊임없이 고민했다. 드로잉 하나하나가 고통의 기록이자, 예술가의 분노이자, 질문이다.

고야가 마드리드의 참상을 그렸듯, 피카소 역시 시대를 넘어 반복되는 폭력과 전쟁을 고발하고 있다는 사실이 무겁게 다가온다. 전쟁은 시대가 바뀌어도 여전히 같은 비극을 낳는다.

## 내면 깊숙이 남은
## 전쟁의 파편

피카소가 폭격의 순간을 집단적 비극으로 담아냈다면, 살바도르 달리는 초현실주의 기법을 통해 '인간 내면의 균열'을 파고든다. 전시실에서 만난 〈위대한 자위 행위자〉는 강렬한 제목부터 눈길을 사로잡는다.

화면 중앙에는 기괴하게 변형된 얼굴 형상이 고개를 숙인 채 있고, 주변에는 알 수 없는 상징과 왜곡된 사물들이 혼란스럽게 얽혀 있다. 마치 꿈속 악몽을 실제처럼 펼쳐놓은 이 풍경은 '전쟁은 밖에서 일어나지만, 그 후유증은 우리 마음 한가운데 깊숙이 각인된다'라는 메시지를 던지는 듯하다.

관람객의 반응도 다양하다. 불편함을 느껴 서둘러 지나가는 이도 있고, 세부를 하나하나 뜯어보며 스케치북에 메모하는 학생도 보인다. 이렇듯 레이나 소피아에서는 혁신과 혼란의 스페인 현대사를, 작가들의 치열한 예술적 실험을 통해 생생하게 체험하게 된다.

달리는 스페인이 겪은 내전과 격동의 시대를, 자신의 무의식과 결합해 이토록 기괴하고 은밀하게 그려냈다. 〈게르니카〉가 폭탄이 터진 순간의 집단

〈위대한 자위 행위자〉 초현실주의 화가 달리의 대표작 중 하나.
왜곡된 이미지와 상징이 인간 내면의 균열을 드러낸다.

적 절규라면, 달리의 이 작품은 그 폭발이 남긴 마음의 균열인 셈이다. 이성보다 무의식에 호소하는 방식으로, 관람자의 심리 깊숙한 곳을 흔든다.

'황혼 무렵 이 미술관에서 만나는 전쟁과 인간성'이라는 테마에 나 스스로 몰입하면서, 레이나 소피아가 이 세상에서 가장 강렬한 '희망과 절망의 공존'을 보여주는 곳이라는 생각이 나를 지배했다.

밤이 깔린 마드리드,
황금 삼각형의 여운을 안고

하루라는 짧은 시간 안에 프라도, 티센 보르네미사, 레이나 소피아 미술관, 일명 '황금 삼각형' 순례는 예술적 충만감으로 나의 마음을 가득 채웠다. 겨

울 해가 짧아 어둠이 빨리 내렸지만, 거리마다 가로등 불빛과 사람들의 열기가 넘실댄다.

밤거리 속을 거닐며 오늘 본 작품들을 하나씩 되짚어본다. 합스부르크 왕가의 화려함을 담아낸 벨라스케스, 전쟁의 비극을 고발한 고야, 현대 도시의 쓸쓸함을 포착한 호퍼, 낙원에 대한 갈망을 색으로 구현한 고갱, 집단적 비극을 외친 피카소와 인간 내면을 파괴적으로 드러낸 달리까지. '화려함과 비극, 고독과 낙원, 전쟁과 예술.' 결국 마드리드의 황금 삼각형은 이 모든 상반된 정서를 하나의 지붕 아래 모아 놓은 무대처럼 보인다. 그리고 그게 이 도시가 지닌 매력이다.

스페인은 빛과 그림자가 가장 극적으로 교차하는 나라다. 나는 황금 삼각형을 통해, 마드리드가 얼마나 관대하게 빛과 어둠을 다 품어내는 도시인지, 또 예술이 어떻게 그 사이에서 삶의 의미를 드러내는지 생생히 느낀다. 누군가는 왕실의 위엄에 감탄하고, 누군가는 전쟁의 폐허 앞에서 마음을 쓸어내린다. 그렇게 예술은 끊임없이 우리의 시선을 붙잡고, 역사를 환기시키며, 인간성을 되묻게 만든다. 그것이 예술이 지닌 힘이고, 바로 이 도시가 뽐내는 끝없는 매력이다.

예술의 흔적을 안은 채, 나는 이 도시의 심장부를 거닌다. 사진 제공_ 스페인 엘리스엔터

SCENE 03

# 기억의 풍경,
# 다큐멘터리로 걷다

카메라가 지나간 자리에는 늘 침묵이 남는다.

사라진 장면은 내 안에서 다른 형태로 계속 재생되고

나는 그 기억들을 따라 다시 걷기 시작한다.

SCENE 03

# 카메라 너머의 존엄,
# 아프리카 '빈곤 포르노'의 딜레마

카메라는 이 순간을 외면하지 않되,
존엄을 해치지 않으려 조심스레 뒤따른다.

기억의 풍경, 다큐멘터리로 걷다

## 렌즈의 윤리학

나는 오랜 기간 다큐멘터리를 만들어온 PD다. 현장의 카메라가 돌아가는 순간부터 편집실을 나서는 순간까지, '어떻게 보여줄 것인가'라는 질문이 늘 나를 따라다닌다. 특히 인간의 '고통'을 화면에 담아야 할 때 그 무게는 더욱 막중해진다. 충분히 보여주지 않으면 현실의 심각성이 희석되지만, 과도하게 부각하면 '빈곤 포르노 Poverty Porn'라는 비판에 직면한다.

빈곤 포르노, 이 불편한 용어는 가난과 고통의 현실을 지나치게 선정적으로 연출해 일시적 동정심을 자극하는 콘텐츠를 일컫는다. 후원과 지원이라는 명분이 있더라도, 인간의 존엄성을 훼손하는 순간 우리는 또 다른 가해자가 될 수 있다.

2013년 탄자니아, 그리고 11년 후 우간다를 찾았을 때, 나는 이 윤리적 딜레마와 정면으로 마주했다. 보여주는 것과 감추는 것 사이, 알리는 것과 소비하는 것 사이의 좁은 균형점을 찾기 위한 흔들림의 연속이었다. 하지만 '직접 보지 않으면 결코 알 수 없는 현실'이 있다는 믿음은 여전히 나를 현장으로 이끈다.

## 잔지바르와 다르에스살람, 현실의 간극 속 목마름

탄자니아는 1961년 독립 이래, 다양한 부족과 종교가 어우러진 나라다. 동쪽 해안의 잔지바르는 유럽 관광객들로 북적이는 휴양지이지만, 도시 외곽과 내륙의 마을은 여전히 식수, 위생, 교육 인프라가 열악하다. 호화 리조트 건너편, 단 몇 블록만 벗어나면 마실 물조차 구하기 어려운 현실이 펼쳐진다.

내가 방문했던 장애 학생을 위한 한 특수학교에는 한때 꿈과 희망을 실어주던 '마이클 잭슨 기증 스쿨버스'가 폐차되어 있었다. 타이어는 펑크가 나고, 내부는 거미줄로 뒤덮인 채 방치되어 있었다. 한 선생님이 조용히 말했다. "이 차를 타고 아이들이 소풍을 다녔지만, 이제는 움직일 수 없어요." 그 말은 아직도 내 마음에 깊이 새겨져 있다. 꿈과 희망의 상징이었던 스쿨버스가 더는 달리지 못하는 것처럼, 아이들의 목마름은 단순한 갈증을 넘어 절망과 좌절의 한 단면으로 다가왔다.

## 아이들의 환호와 불안

한국 NGO 단체와 방송팀이 다르에스살람 교외의 한 초등학교에 우물을 설치한 날, 북과 심벌즈 소리가 울려 퍼지며 아이들은 "드디어 목을 축일 수 있다"는 기쁨을 터트렸다. 환호성 사이로, 한 12살 아이가 조심스레 다가와 물었다.

"이 우물은 오래갈까요? 예전에도 마을에 우물이 생겼다가 물이 메말랐어요."

우물 완공식 날, 처음 솟구친 물줄기 아래서
아이들은 '하쿠나마타타'를 외치며 환호했다.

춤을 추는 발끝마다 흙먼지가 일고, 그 속에선 물보다 먼저 희망이 솟았다.

그 말속에는 기쁨과 함께 불안도 스며 있었다. 내가 카메라에 담은 것은 단순한 환호가 아닌, 희망과 불확실함이 뒤섞인 아이들의 복잡한 표정이었다.

방송이 나간 뒤 시청자들의 후원과 지역 주민들의 협력으로 추가 우물 건설 소식이 들려왔고, 한 초등학생이 작은 저금통을 보내온 사연은 내게 큰 위안이 되었다.

탄자니아의 열대 사바나 기후 아래, 우물 완공식 당일 운동장은 먼지와 뜨거운 햇볕으로 숨이 턱턱 막혔다. 코끝을 스치는 염분 가득한 바다 냄새와 마른 흙냄새, 그리고 땀으로 미끄러지는 카메라 그립. 그 순간에도 아이들은 "폴레폴레(천천히)"라는 말로 서로를 다독이며, 물 한 모금의 가치를 온몸으로 체험하고 있었다.

카메라에 담긴 것은 단순한 '물' 이야기가 아니었다. 우물에서 치솟는 물줄기 사이로 번지는 아이들의 미소, 그 안에 숨은 작은 불안과 큰 희망, 그리고 '변화는 가능하다'는 믿음이 함께 어우러졌다. 메마른 땅에 뿌려진 이 작은 희망의 씨앗이 어떻게 자라날지, 나는 그 이후의 이야기를 놓치고 싶지 않았다.

## '나일의 진주', 그리고 쓰레기 산에 핀 네 송이 꽃

우간다는 1962년 독립 후, 여러 정치적 혼란과 경제적 어려움을 겪어왔다. '동아프리카의 진주'라 불릴 정도로 자연은 아름답지만, 진자 Jinja 도시 외곽은 극심한 빈곤에 시달리고 있다. 관광객이 몰리는 나일강의 시작점과는 달리, 그 이면엔 쓰레기 매립장에서 생계를 이어가는 주민들의 척박한 삶이 숨어 있다.

햇빛을 품은 나일강 위, 조용히 떠 있는 작은 배.
햇살 속에 감춰진 또 다른 하루가 흘러가고 있었다.

해 질 무렵, 쓰레기 산 위에 선 아이들.
그 작고 가벼운 실루엣 위로, 하루의 무게와 희망이 겹쳐진다.

## 위트니 가족의 무게,
## 그리고 하루 한 끼의 무게

2024년 여름, 진자 외곽 쓰레기 매립장에서 네 아이를 만났다. 10살의 위트니, 9살 잇산, 6살 제라드, 그리고 6개월 된 막내까지. 아침부터 저녁까지 쓰레기를 주워 5킬로그램을 모으면 1000실링, 우리 돈으로 겨우 350원을 벌어 하루 한 끼를 해결하고 있다.

특히 위트니는 최근 화상으로 거동이 불편해진 엄마 대신, 막내를 등에 업고 맨발로 쓰레기 산을 누비며 가족의 생계를 책임지고 있었다. 카메라 렌즈를 보고 위트니는 수줍은 미소로 말했다. "엄마가 빨리 나아서 함께 일했으면 좋겠어요."

아이들의 순수한 웃음 속에 담긴 슬픔은 내 마음을 깊이 울린다. 이 아이들은 왜 이렇게 순수하게 웃을 수 있을까? 가난에 무감각한 게 아니라 살아가는 힘을 다르게 배운 건 아닐까.

## 빈곤 너머의 시선,
## 그 이야기의 전달

'이 장면을 여과 없이 카메라에 담아야 할까?' 탄자니아에서 오염된 물을 마시는 아이들, 악취가 진동하는 '쓰레기 산'을 헤매는 우간다의 네 남매 앞에서 나는 수없이 이 질문과 마주했다. 현장에서 고통을 영상에 담는 행위는 늘 양날의 검이다. 빈곤 포르노는 가난한 이들의 절망을 선정적으로 소비해 일시적 동정심을 유발할 뿐, 근본적인 문제 해결에 도움이 되지 않는 경우가

삶의 가장자리에서 마주한 위트니 가족.
카메라는 고통을 기록하는 것이 아니라, 그 안에서 움트는 희망을 좇는다.

촬영이 멈춘 그 순간에도, 그들 곁에 선다는 의미를 스스로에게 묻는다.

많다. 그렇다고 현실을 외면하는 것 역시 또 다른 형태의 책임 회피다. 나는 늘 그 경계 위에서 고민해왔다.

'현장의 고통을 정직하게 보여주되, 인간의 존엄과 희망을 함께 담아내야 한다.' 이것이 나의 원칙이다. 단지 '불쌍한 아이들'이 아닌, 그들의 온전한 정체성과 능동성을 존중하는 시선이 필요하다. 마이클 잭슨 기증 스쿨버스처럼, 일회성 이벤트가 방치되는 모습이 아니라 그 이후의 변화와 지속성까지 기록하는 것. 그것이 내가 믿는 다큐멘터리의 방향이다.

무엇보다 중요한 건 시선이다. 현지인을 '구경거리'가 아니라, 동등한 인격체로 바라보는 일. 그들의 목소리를 직접 듣고, 그들이 원하는 방식으로 이야기를 풀어나갈 때, 비로소 진정한 연대가 가능해진다. '그저 촬영만 잘하면 된다'는 생각은 위험하다. 카메라가 돌기 전, 현지인들과의 충분한 대화와 동의 과정이 필요하며, 방송 이후에도 실질적 변화를 이끌어내기 위한 후속 작업이 반드시 따라야 한다.

때로는 '이 장면이 필요할까?'라는 고민 끝에 카메라를 내려놓기도 한다. 그러나 그 망설임의 과정이 내 작업의 윤리적 토대가 된다. 빈곤을 전시하는 것이 아니라, 그 이면의 구조적 문제와 가능한 해결책을 함께 조명할 때 비로소 의미 있는 다큐멘터리가 완성된다.

탄자니아의 우물 완공식과 우간다의 쓰레기장 네 남매의 이야기는 단순한 '빈곤의 기록'이 아니다. 그것은 존엄과 희망의 메시지를 전하기 위한 다큐멘터리다. '빈곤 포르노'라는 비판의 그림자 속에서도 현장을 기록하는 일은 단순한 소비가 아니라, 변화의 씨앗을 뿌리는 작업이기도 하다. 지금 이 순간에도 내 카메라는 고통을 기록하는 도구가 아니라 함께 변화를 꿈꾸는 다리다.

### 빈곤 포르노,
### 그 그림자 너머

방송 이후 아이들이 교육 기회를 얻고, 마을에 새로운 우물이 세워졌다는 소식은 내게 작은 위안이 된다. 물론 이 작업이 현지에 미칠 영향과 보이지 않는 위험을 늘 염두에 두며, 오늘도 나는 스스로를 엄격히 검열하며 현장으로 향한다.

이 여정은 결코 쉽지 않다. '신은 정말 존재하는가?', '이 작은 노력이 정말 변화를 만들 수 있을까?' 의문과 자문은 끊임없이 따라온다. 그럼에도 아이들의 맑은 눈동자와 웃음은 내게 속삭인다. '조금 더 노력하면, 아직 희망은 남아있어요.'

나는 오늘도 그 희미한 빛을 좇는다. 다시 카메라를 든다.

밝게 웃는 아이들, 그들과 함께 작은 변화를 꿈꾼다.

SCENE 03

# 부서진 비석에서 찾은 역사, 바람은 기억을 지우지 않는다

저 멀리 바다를 건넌 기억들이,
지금 이 언덕의 바람 속에서 조용히 숨 쉬고 있다.

기억의 풍경, 다큐멘터리로 걷다

## 태평양을 건너 만난
## 잊혀진 목소리들

대나무숲을 헤치고 들어가는 내 발목에 모기떼가 달라붙는다. 빅아일랜드 코나의 한 언덕. 시간이 멈춘 듯한 이곳에서 나는 평생 잊지 못할 만남을 한다. 시멘트가 굳기 전 뾰족한 못으로 새긴 듯한 한글. "〈대한국〉 경상북도 안동군 출생". 120년 전 하와이에 첫발을 디딘 이들의 흔적이었다.

비가 내릴 때마다 우거지는 풀숲 사이로 드러나는 부서진 묘비들 앞에서, 나는 묻는다. 이들은 왜 이 먼 땅에 와서 이름조차 잊힌 채 묻혀야 했을까? 그리고 왜 아무도 이들을 기억하지 않는 걸까?

하와이 여러 섬을 돌아다니며 만든 다큐멘터리 〈나의 아버지, 하와이 대한인大韓人〉은 단순한 기록이 아니라, 부서진 비석을 통해 역사의 균열을 들여다보는 과정이었다. 나라 잃은 슬픔과 독립의 열망이 뒤섞인 시간의 틈새를 나는 거슬러 올라갔다. '120년 전 이 길을 건넌 사람들은 지금 우리에게 어떤 말을 건네고 있는 걸까.'

## 서울에서 시작된 기억의 실마리

이화여자대학교 인문과학원. 비밀번호를 누르고 들어간 연구실에서 나는 뜻밖의 보물을 만났다. 하와이 한인 2세인 로버타 장이 20년간 기록한 35명의 증언, 그리고 30여 장의 CD. "1903년 처음 하와이 농장으로 갔던 부모들의 자녀들이 남긴 구술입니다." 연구원의 말에 CD를 컴퓨터에 넣자, 오래된 영상 속에서 목소리들이 흘러나왔다.

"내 아버지 성함은 공지순입니다. 확실하진 않지만, 아버지는 1903년에서 1905년 사이에 황해도 연안에서 하와이로 왔다고 들었어요."

"내 아버지 만기 리는 1903년, 홀로 한국을 떠나 사탕수수 농장 노동자로 하와이에 왔어요."

"당시 우리 가족은 포르투갈 사람들이 모여 사는 캠프에서 생활을 했어요. 어머니는 그들에게 빵 굽는 법을 배웠고, 우리는 빵을 앞에 두고 실컷 먹을 날만 고대하곤 했어요."

120년 전, 태평양을 건너 머나먼 사탕수수 농장에 정착한 사람들, 그들의 자녀들이 들려주는 생생한 기억을 안고 나는 하와이행 비행기에 몸을 실었다.

## 오래된 비석에 새겨진 질문

빅아일랜드 공항에 내리자마자 코끝을 스치는 달콤한 코나 커피 향. 지금은 커피로 유명한 이곳이, 한때 한인들이 땀 흘려 일했던 사탕수수 농장이었다. 시간은 참 많은 것을 바꿔놓는다.

공항에서 창원대학교 박물관 연구팀과 합류했다. 그들은 하와이 여러 섬에 흩어져 있는 한인 묘비를 찾아 탁본하고, 후손을 찾거나 역사적 기록을 남기는 작업을 이어오고 있다. 그들이 건넨 사진에는 잡초에 파묻혀 글씨가 거의 지워진 시멘트 비석들이 담겨 있었다. 연구팀은 빅아일랜드 구석진 언덕

하와이 이민 2세대의 기억이 담긴 구술 CD.
그 안에는, 세월을 건너온 목소리들이 조용히 숨 쉬고 있다.

〈THE HAWAIIAN STAR〉 1903년 1월 3일,
'은둔의 왕국에서 온 102명, 사탕수수 농장 노동자에
도전하다'는 기사가 실렸다.

대나무숲 너머, 버려진 듯 놓인 돌무더기.
가까이 다가서자, 잊힌 이름들이 희미한 한글로 말을 건넨다.

에 아직 이름을 확인하지 못한 한인 묘들이 더 있다고 했다.

차로 한참을 달려 도착한 곳은 모기와 가시덩굴이 뒤엉킨 채 사람의 발길이 거의 닿지 않는 밀림 같은 숲이었다. 겨우 찾아낸 비석은 쓰러진 채, 시멘트 표면이 깨져 글씨조차 알아볼 수 없었다. 연구팀이 물을 뿌리고 종이를 댄 뒤 고무 망치로 톡톡 두드리자, 희미한 선들이 서서히 배어났다. 나는 작은 탄성을 질렀다.

"여기… '대한국 전라도'라는… 글씨가 보이네요."

빛바랜 시멘트 위, 또렷하진 않아도 분명한 한글. 그 순간, 돌무더기로 보이던 이곳이 누군가의 마지막 흔적으로 다가왔다. 잊힐 뻔했던 이름이 무언의 목소리로 속삭이는 듯했다. '내가 여기 있다.'

나는 잠시 아무 말도 할 수 없었다. 연구팀은 위치와 탁본 내용을 꼼꼼히 기록하며, "언젠가 후손이 찾아오길 바라야죠"라고 미소를 지었다.

### 지사志士의 흔적

마우이섬 와이에후 언덕에는 독립운동가 함호용 지사의 묘가 있다. 그가 사탕수수 농장에서 40년 넘게 일하며, 일제강점기 임시정부와 무장투쟁 세력을 지속적으로 도왔다는 기록이 남아 있다. 그런데 정작 그의 후손은 마우이가 아닌, 오아후 호놀룰루 외곽의 한 주택가에 살고 있었다.

그의 손자 케빈 함을 만나러 갔을 때, 그는 환히 웃으며 낡은 흑백사진 한 장을 내밀었다.

"이분이 제 할아버지예요. 직접 뵌 적은 없지만, 어렸을 때부터 할아버지가 매달 독립운동 자금을 보냈다는 말을 듣곤 했죠."

함호용 지사 부부의 생전 사진.
후손의 손끝이 닿은 그 사진엔, 잊히지 않는 기억이 남아 있다.

내 시선은 자연스레 그의 얼굴과 사진 속 인물을 번갈아 보았다. 놀랍도록 닮아 있었다.

"Wow, you look so much like your grandfather!"

나도 모르게 탄성이 터져 나왔다. 케빈은 쑥스럽게 웃으며, 사진을 매만졌다.

"아버지도 늘 말씀하셨어요. 할아버지가 9남매를 키우면서도 매달 꼬박꼬박 독립운동 기금을 보냈다고. 어떻게 그게 가능했을까… 저도 늘 궁금했죠."

내가 보여준 옛 독립자금 기록에서 함호용이란 이름을 발견하자, 케빈의 표정은 놀라움과 자부심이 뒤섞였다.

"어떻게 부자도 아닌데 기부를 하셨죠? 아홉 명이나 되는 자녀가 있었는데… 정말 대단하시네요."

그가 중얼거리듯 하는 말을 카메라에 담으며, 나는 역사가 세대를 넘어 되살아나는 순간을 목격했다. 그것이 다큐멘터리의 힘이기도 했다.

## 미주리호 갑판 위, 역사의 순환

하와이 이민사를 이야기할 때, 진주만 사건을 빼놓을 수 없다. 1941년 12월 일본의 기습으로 태평양 전쟁이 발발했고, 1945년 9월 2일 이곳에 정박 중이던 미주리호에서 일본이 항복문서에 서명했다. 배의 갑판을 밟으며, 나는 생각했다. 하와이에서 시작된 독립의 열망이 어떻게 이 배 위에서 전쟁의 종지부라는 형식으로 결실을 맺게 되었는지를.

물론 하와이 이민자들의 독립운동이 일본 항복을 직접 이끌었다고 말할 수는 없다. 그러나 이 땅의 한인 1~2세들 중 적지 않은 이들이 미군에 자원입대했고, 태평양의 전장 곳곳에서 싸웠다. "진주만 폭격이 어쩌면 독립의 신호탄이었다"고 말했던 이네즈 배의 회고처럼, 그들은 '가만히 있지 않겠다'는 뜻을 전쟁터에서 실천했다.

역설적으로, 1932년 윤봉길 의사의 의거로 한쪽 다리를 잃은 시게미쓰 마모루가 이 미주리호 갑판 위에서 일본의 항복문서에 서명했다는 사실이 갖

미주리호 갑판 위에서 항복문서에 서명하는 일본 외무상 시게미쓰 마모루. 13년 전 윤봉길 의사의 폭탄에 부상을 입었던 그가, 이제 고개를 숙인다. 역사의 한 장면이 기록되고 있다.

는 상징성은 크다. 하와이 한인들이 십시일반 모은 독립자금이 윤봉길 의사를 비롯한 여러 의거를 가능케 했고, 결국 그 폭탄에 부상당한 인물이 패전을 인정했다니. 역사의 아이러니 앞에서 나는 한참 생각에 잠겼다.

'결국 포기하지 않았다'는 확신. 작은 동전 하나라도 모아 독립운동 자금으로 보탰던 이들이 그 순간을 가슴 뜨겁게 지켜봤으리라 짐작된다.

## 핏줄은 속일 수 없나 봐요

케빈 함의 이야기를 품고, 나는 그의 할아버지 함호용 지사가 잠든 마우이섬 와이에후 언덕으로 향했다. 푸른 태평양이 한눈에 내려다보이는 절벽 위 묘지, 세찬 바람 속에서도 묘비는 묵묵히 그 자리를 지키고 있었다. 케빈 함이 "할아버지와 내가 닮았다고들 하죠"라며 웃던 모습이 겹쳐 떠올랐다.

마우이 언덕에 잠든 함호용 지사.
바람 속에서도, 묘비의 이름은 아직 지워지지 않았다.

묘비는 군데군데 금이 가고 글씨는 많이 닳아 있었다. 한때 사탕수수 농장에서 번 돈을 쥐고 임시정부에 부쳐 주던 손길도, 지금은 이곳에 조용히 잠들어 있다. 나는 묘비를 살짝 어루만지며, 케빈의 또 다른 이야기를 떠올린다.

"2002년에 한국을 방문했습니다. 돌아와서 한국에서 가져온 흙을 할아버지 묘에 뿌렸어요."

나는 언덕을 다시 둘러본다. 이 언덕에 뿌려진 것은 한국에서 온 흙만이 아니다. 기억, 핏줄, 그리고 잊지 않겠다는 다짐이 바람에 실려 이 땅 위에 남아 있다.

## 바람은 기억을
## 지우지 않는다

촬영을 마치고 언덕 끝에 섰다. 태양빛 하늘 아래 태평양은 여전히 푸르고, 묘비는 풀숲 사이로 조용히 얼굴을 내민다. 120년 전, 이 섬에 닿았던 사람들은 각자 다른 이유로 바다를 건넜지만, '조국을 되찾겠다'는 마음만은 함께 나눴을 것이다.

이화여대 아카이브에 남아 있던 메리 김 함의 목소리가 떠오른다. "어머니는 설령 가난해도 한국어만은 꼭 배우라고 하셨어요. 3월 1일이 되면 모두 태극기를 흔들고 만세를 외쳤죠." 누군가는 손에 쥔 동전 하나까지 독립운동 자금으로 보탰다. 그렇게 심어둔 한글 이름과 작은 흔적이, 지금도 묘비 위에 남아 후손을 기다리고 있다.

나는 묘비를 잠시 바라보다가, 바람이 더 세게 불어도 이 돌덩이가 쉽게 쓰러지지 않을 거라는 확신이 들었다. 그 안에 새겨진 이름과 120년의 이야기는 생각보다 훨씬 단단했다.

'우리가 잊지 않는다면, 이들의 이야기는 끝나지 않는다.'

역사란 결국 기억의 문제다. 누군가 기억하고 전하지 않으면, 아무리 위대한 이야기라도 세월 속에 묻혀버린다. 다큐멘터리 〈나의 아버지, 하와이 대한인大韓人〉. 어쩌면 그것은 역사의 빈틈을 메우려는 작은 시도일 뿐이지만, 누군가는 이 영상을 보고 다시 묘비를 어루만져 줄 것이다. 그리고 120년 전 바다를 건너온 이들이 남긴 삶과 흔적은 하와이 언덕을 감도는 바람 속에서 여전히, 조용히 이야기를 전하고 있다.

SCENE 03

# 임정둥이의 기억,
# 그 기억의 기록

"그들은 모두 몸으로 싸웠다.
이제, 그 기억이 사라지지 않도록 지켜내는 것이
우리의 몫 아니겠는가."
선생은 기억의 증언자가 되어 우리 앞에 섰다.

기억의 풍경, 다큐멘터리로 걷다

"아이고, 없어요, 다 돌아가시고…. 그때 얘기를 하다 보니까 그 어른들 생각이 나요."

2019년 초, '대한민국 임시정부 수립 100주년'을 기념하는 특집 프로그램을 기획하면서, 우리 제작진은 꼭 한 분을 모시고 싶었다. "기왕이면, 임시정부에서 태어난 분을 직접 뵐 순 없을까?"

자료를 찾던 중 독립운동가 김의한, 정정화의 아들이자 동농東農 김가진의 손자로, 1928년 상하이 임시정부 청사 한복판에서 태어나 '후동後厚'이라 불리던 아이, 바로 김자동 선생이었다. 어린 시절부터 김구, 이동녕, 이시영 등 독립운동가들 곁에서 자란 '임정둥이', 말 그대로 '역사 안에서 태어난 아이', 그 시대를 온몸으로 살아 낸 증인이었다.

'임시정부에서 태어난 사랑둥이'라 하여 후배 임병훈 PD가 붙인 '임정둥이'는 선생의 담담한 말투와 묘하게 어우러졌다. "사실 옛날엔 그냥 '후동'이라 불렸는데…"라며 멋쩍게 웃으셨지만, 어린 시절을 그런 역사의 현장에서 보냈다는 사실만으로도 듣는 사람에겐 특별하게 다가왔다. 김자동 선생은 '단순한 역사적 증언자'가 아니었다. 망명의 어린 시절, 자싱嘉兴의 수로가 곧 놀이터였던 기억, 배를 타고 4,000킬로미터를 떠돌 때조차 친구들과 즐겁게 뛰놀았던 이야기 등 그 모든 개인적 경험을 통해, 나는 '역사는 결국 사람의 이야기'라는 것을 시청자에게 전하고 싶었다.

그렇게 시작된 만남에서 선생은 담담하게 "이제 어른들이 다 떠나셨다"라는 말을 건네셨다. 한 시대를 온몸으로 살아 낸 그가 전해 준 이야기는, 결국 우리가 왜 '기억'해야 하는지에 대한 성찰로 이어졌다. 이 글은 2019년 봄 스튜디오에서 나눈 대화와 그 뒤의 여정을 기록해 둔 것이다.

## 손 돋보기, 신문 더미, 그리고 초콜릿 한 알

2019년 초, 광화문 인근 '대한민국임시정부기념사업회' 사무실에서 처음 뵈었던 김자동 선생의 모습은 잔뜩 쌓인 신문과 커다란 손 돋보기로 기억된다. "아침마다 기사 스크랩을 해야죠. 나이 들어도 세상이 어떻게 돌아가는지는 알아야 하지 않겠소."

91세라는 나이가 무색할 만큼 부지런하고 또렷한 생활의 리듬. 그 인상은 첫 만남부터 강하게 각인됐다. 김자동 선생이 무심히 책상 서랍에서 초콜릿 한 알을 꺼내 건네셨다.

"내가 어린 시절부터 초콜릿을 좋아했는데, 사실 김구 아저씨도 이걸 무척 좋아하셨거든."

이 한마디에 순간 가슴 한구석이 활짝 열렸다. 김구를 '아저씨'로 부르는

---

**김자동 가계의 독립운동가들**

김가진(1852~1922): 조선 말 명문가 출신 독립운동가로, 일제의 고위 칙훈을 거부하고 의친왕의 망명을 추진했다.
김의한(1901~1972): 김가진의 아들. 임시정부에서 연락, 자금 조달 역할을 맡았다.
정정화(1900~1991): 김의한의 아내이자, 임시정부 가족들의 살림과 독립자금 조달을 책임졌던 여성 독립운동가다.

나라 잃은 시대, 타국의 사진관에서 찍은 가족 사진.
어머니 품에 안긴 작은 아이는 훗날 말한다.
"나는 임시정부에서 태어났습니다."

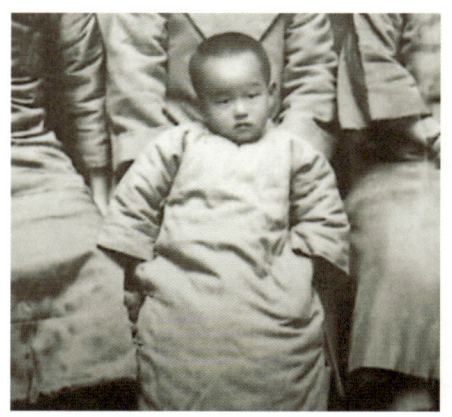

이분이, 바로 임시정부에서 태어난 '후동이'였다. 초콜릿 한 조각 너머로 펼쳐지는 그 시절의 이야기를, 선생은 마치 가족사를 들려주듯 툭툭 내어놓으셨다.

"할아버지(동농 김가진)는 내가 태어나기 전 돌아가셨고, 부모님도 임시정부 일로 늘 바쁘셨지. 그러다 보니 김구, 이동녕, 이시영 같은 분들이 나를 '후동이'라 부르며 잘 챙겨 주셨어."

그 시절을 회상하는 김자동 선생의 말에는 '역사 속 위인'의 이름이 아닌, '동네 어른'의 온기가 생생히 묻어났다.

"김구 아저씨가 쌀 떨어지면 우리 집으로 밥 먹으러 오셨는데, 어쩔 땐 세 그릇씩 뚝딱 비우시곤 '미안하다'고 웃으셨어"라는 소소한 에피소드를 꺼내셨다. 역사의 긴박함은, 이런 작고 생생한 장면 속에서 오히려 더 뚜렷하게 살아난다.

### 망명의 도시들을 찾아가다

1932년 4월 29일, 상하이 홍커우공원(現 루쉰공원)에서 윤봉길 의사가 도시락 폭탄을 던져 일본 고관을 직접 타격했다. 이 의거로 임시정부는 세계의 이목을 끌었지만, 동시에 일본군의 탄압도 거세졌다. 결국 임시정부 요인들은 상하이를 떠나 자싱·항저우로 흩어져야만 했다.

김자동 선생은 윤봉길 의사를 두고 "우리 집 뒷마당 벽에 공을 던지던 분"이라 회상했다. 그리고 덧붙였다. "실은 폭탄 투척 연습이었다는데, 난 그저 '아저씨가 공놀이 하나 보다' 하고 쳐다봤으니, 철없던 시절이었지." 역사의 한복판에 있었지만, 그 시절 아이의 눈에는 모든 게 놀이처럼 보였다. 그러나 그 공 하나에 담긴 결심은, 결국 '나라'의 운명을 바꾸었다.

홍커우공원 의거 직후, 임시정부 가족들이 옮겨 간 곳 중 하나가 자싱이다. 수로가 발달해 배를 이용한 은신이 가능했고, 일본의 감시도 비교적 느슨한 곳이었다.

"다섯 살 아이 눈에는 그곳이 그저 재미있는 곳이었지. 어른들은 독립자금 구하느라 하루가 멀다 하고 움직이셨지만, 나 같은 아이들은 학교 비슷한 곳에 다니며 뛰놀았으니까. 이사를 얼마나 자주 다녔는지도 잘 모를 정도였어. 나중에 알고 보니 어머니와 주변 분들은 정말 위험한 상황에 놓여 있었던 거지."

정정화 여사 등 여성 독립운동가들은 국내외를 오가며 자금을 구했고, 김구, 이동녕, 이시영 등 지도자들은 일본의 감시를 피해 끊임없이 거처를 옮겨 다녔다. 그 와중에도 어린 '후동이' 김자동 선생에게 자싱은 마냥 즐거운 장소로 남아 있었다. 역설적으로, 아이의 천진한 기억이 망명 생활의 긴장감을 더 극적으로 보여주는 듯했다.

## 전쟁의 소용돌이, 4,000킬로미터 대장정

1937년 중일전쟁이 발발하자, 일본군이 급속도로 중국 대륙을 파고들면서 임시정부 인사들은 항저우 → 광저우 → 류저우 → 충칭으로 끊임없이 밀려났다.

"큰 배에 임시정부 가족 백여 명이 타고 강을 거슬러 올라갔는데, 증기배 선장이 돈만 받고 도망쳐서 20일 넘게 강 한복판에 떠 있었다는 얘기를 들었

임시정부의 이동 경로. 1919년 상하이에서 출발한 임시정부는,
1932년 윤봉길 의거 이후 자싱, 항저우로 피난했다가, 중일전쟁 발발 뒤
광저우, 류저우를 거쳐 충칭에 이른다.

현 루쉰공원 내 윤봉길 의사 의거 기념 전시관.
1932년 4월 29일, 이곳에서 도시락 폭탄이 터졌다. 의거는 독립운동의 불씨를 되살린
순간으로 기록되지만, 임시정부에게는 또 한 번의 망명길이 시작된 날이기도 했다.

자싱의 임시정부 피난처(매만가 76호).
김구 선생이 은신했던 장소다.

뒷마루를 열면 곧바로 배를 타고 달아날 수 있게
수로가 연결돼 있었다고 전해진다.

'양자강 수로 피난' 자료. 배, 기차, 때론 걸어서 4,000킬로미터 이상
떠도는 위험천만한 여정이었다.

출처_ TV CHOSUN 〈임정둥이의 기억〉, 저자_ 기획 및 연출

윤봉길　　　　　　이봉창　　　　　　안창호　　　　　　이동녕

1930년대, 시간은 자주 이별을 강요했다.
김자동 선생의 기억 속 어른들은, 그렇게 하나둘, 영원히 떠났다.

충칭 연화지, 임시정부의 마지막 청사.
고층 건물들 틈바구니에서, 항일의 기억이 여전히 숨 쉬고 있다.

지. 어른들의 그 긴박감 속에서도, 우리 아이들은 '배에서 계속 논다'며 신나게 시간을 보냈지."

실제로 폭격이 잦았고, 류저우에 있는 공동묘지로 숨어들었다는 아찔한 기억도 있었다. 김자동 선생은 "지렁이가 어른 팔뚝만 한 게 기어다녔는데, 그게 더 무서웠다"고 웃어 보였다. 어른들의 두려움과 아이들의 호기심이 극적으로 교차하던 망명의 시절이었다.

### 계속되는 이별

아이 눈앞에서 '할아버지, 아저씨'들이 하나 둘 사라져 갔다. 윤봉길 의사와 이봉창 의사는 의거 후 사형이 집행됐고, 안창호 선생은 혹독한 옥고로 병세가 악화되어 세상을 떠났다. 이동녕 선생도 그 뒤를 따랐다.

"내가 철없을 때라 그때 어른들이 부둥켜안고 우시는 모습만 어렴풋이 기억나요. 지금 생각하면, 그분들 입장에선 정말 힘겨운 날들의 연속이었겠지."

김자동 선생은 희미한 기억 속에 남은 장면을 조용히 떠올렸다. 어린 시선에 비친 어른들의 눈물은, 지금 생각하면 수많은 동료와 동지, 친지를 잃는 상실감이었을 것이다. 역사의 격랑 속, 그들은 매번 눈물과 작별로 하루를 시작했다.

### 충청에서 맞이한 광복, 그러나 미완의 현실

1939년, 임시정부는 충청에 도착해 광복군 창설 등 항일 투쟁을 이어갔다.

출처_ TV CHOSUN 〈임정둥이의 기억〉

조명이 어른거리는 스튜디오 안에서,
김자동 선생의 기억은 마치 한 편의 살아 있는 역사였다.

충칭의 임시정부는 1940년 광복군을 창설해 '연합군의 일원으로 참전'을 추진했다. 미군 OSS와 합동작전을 계획하였으나, 1945년 8월 15일 일본이 무조건 항복하면서 국내 진공 작전은 끝내 실행되지 못했다. 종전 뒤에도 국제사회는 임시정부를 '공식 참전국'으로 인정하지 않았다. 그 결과, 임시정부 요인들은 개별 귀국의 길을 택해야 했다.

김자동 선생이 귀국선에 몸을 실은 건 1946년 봄이었다. "그토록 애타게 그리던 조국이었는데, 현실은 이념 갈등과 혼란의 연속이었어. 어른들이 좌절하시는 걸 지켜보는 것도 참 가슴 아팠지."

광복은 도착했지만, 임시정부의 여정은 그렇게 미완의 꿈으로 남았다.

## "이제는 나만 남았지요"

2019년 초, 임시정부 100주년 기념 특집 〈임정둥이의 기억〉에서 김자동 선생은 차분하면서도 놀라울 만큼 또렷한 기억으로 이야기를 풀어놓았다. 그날의 대화 중 가장 인상 깊었던 순간은, "이제는 나만 남았지요"라는 짧은 한마디였다.

김자동 선생이 자랑스레 전한 어머니 정정화 여사의 일화도 깊은 인상을 남겼다. "김구 선생의 어머니 곽낙원 여사 생신에 비단옷을 마련하려다, 결국 모직 옷만 해 드렸지. 당시 곽낙원 여사가 단호히 말하길, '이게 다 윤봉길 의사의 피 값인데 비싼 옷을 입을 수 없다'고 하셨지." 그 결연한 태도는 듣는 이들의 마음을 깊이 울렸다.

VCR 화면에는 안중근 의사의 어머니 조마리아 여사, 김구 선생의 부인 최

출처_ TV CHOSUN 〈임정둥이의 기억〉

과거의 사진과 현재의 증언이 마주한 순간.
정정화 여사의 침묵과 헌신은, 아들 김자동 선생의 기억 속에서 다시 숨을 쉰다.

준례 여사, 그리고 수많은 여성 독립운동가들이 이어졌다. 스튜디오 분위기는 '겉으로 알려지지는 않았지만, 임시정부가 존속할 수 있었던 건 바로 여성들의 인내와 헌신 덕분이었다'는 공감으로 가득했다.

## 기억이 곧 독립을 지키는 일

방송 말미, MC 한석준이 조심스레 물었다. "후대에게 전하고 싶은 말씀이 있으신지요?" 김자동 선생은 한동안 조용히 계시다가, 천천히 입을 열었다.

"어른들 모두 몸으로 싸우셨지요. 이제 그 기억이 사라지지 않도록 하는 게 우리의 몫이 아닐까 싶네요."

스튜디오가 잠시 정적에 잠겼고, MC 진지희가 말했다. "제가 스물한 살인데, 정정화 여사님이 독립자금을 마련하실 때와 같은 나이라는 생각에, 갑자기 울컥했습니다." 그리고 아무도 쉽게 말을 잇지 못했다.

출처_ TV CHOSUN 〈임정둥이의 기억〉

따님과 함께 한 김자동 선생은 조용히 말했다.
"내 어른들은 목숨을 걸었으니, 이젠 우리가 그 기억을 지켜가야지요."

### 부고와 남은 과제

나는 '임정둥이' 김자동 선생의 부고 소식을 들은 날, 내 페이스북에 짧은 추모글을 올렸다.

"2019년 임시정부 100주년 특집 프로그램에 모셨었다. 사전 인터뷰 등을 위해 광화문에 위치한 대한민국임시정부기념사업회 사무실에 몇 번 찾아뵀었다. 김자동 선생님은 '대형 손 돋보기'를 들고 각종 일간지와 영자신문, 책들을 훑고 계셨다. 초콜릿을 건네주시던 모습이 선하다. 삼가 고인의 명복을 빕니다."

그제야 비로소, 한 시대를 온몸으로 증언해 준 분이 정말 떠나셨다는 사실이 크게 다가왔다.

출처_조선일보

김자동 선생 부고 기사.
'임정둥이'로 태어나, 평생을 기억과 증언의 길 위에서 살다 가셨다.

## 못다 한 이야기,
## 함께 해결해야 할 과제

김자동 선생이 생전에 가장 자주 호소하던 것 중 하나는 '해외 곳곳에 묻힌 독립운동가들의 유해를 제대로 봉환하지 못하고 있다'는 점이었다. 위치가 파악된 분들도 있지만, 묘역이 흔적 없이 사라지거나 현지 행정 절차가 얽혀 사업이 지연되는 경우가 많았다.

"이미 고령이라 제 힘만으론 역부족이지요. 국가나 사회에서 좀 더 적극적으로 나서 주면 좋겠어요."

이는 선생님의 마지막 당부이자 우리가 풀어야 할 숙제다. 현재 민간단체와 학계에서도 봉환을 추진하고 있지만, 예산과 외교 협의가 만만치 않아 여전히 많은 분들이 해외 땅에 묻혀 있다. 이 과제를 해결하는 것이 남겨진 이들의 책무가 아닐까. 김자동 선생이 마지막까지 마음을 놓지 못했던 문제들이다.

상하이 만국공묘(萬國公墓). 현재는 쑹칭링능원(宋庆龄陵园)으로 알려져 있다.
돌아오지 못한 이름들, 조용한 묘역 너머로 시간만이 흐르고 있다.

<임정둥이의 기억>에 출연한 김자동 선생과 진행자, 패널들.
그날의 웃음과 침묵, 한 사람의 기억은 이제 모두의 이야기가 되었다.

"아이고, 없어요, 다 돌아가시고…."

방송 막바지, 김자동 선생이 불쑥 한숨처럼 내뱉으셨던 말이 오래도록 잔상으로 남았다. 이 짧은 말 안에는, 기나긴 망명 시절을 함께했던 '할아버지, 아저씨들'이 차례로 떠나간 슬픔과, 이제 아무도 남지 않은 시간에 대한 막막함이 담겨 있었다. 동시에 '이제라도 우리가 그들을 기억하지 않으면 모든 것이 사라지고 말 것'이라는 묵직한 메시지도 깃들어 있었다. 선생은 늘 말하셨다. "기억하는 일 자체가 독립운동을 지키는 또 다른 길입니다."

'임정둥이'라는 별명은 김자동 선생 한 사람만의 것이 아니라, 우리가 모두이어야 할 유산이다. 독립운동가들이 목숨, 재산을 바쳐 지켜낸 이 땅에서, 그 발자취를 잊지 않고 이어 갈 책임이 우리에게 있기 때문이다.

스튜디오에서 전한 '임정둥이'의 목소리는 이제 방송 아카이브 속에, 그리고 내 마음 한가운데 생생히 남아 있다. 그 목소리 덕분에 나는 100년을 훌쩍 넘긴 오늘, 다시 묻는다. '나는 과연, 기억의 의무를 다하고 있는가?'

SCENE 03

# 덩케르크,
# 시간의 조각들

을씨년스러운 바닷바람이 스치는 덩케르크 해변.
전쟁의 상흔은 사라졌지만 기억은 여전히 모래 위에 남아 있다.

기억의 풍경, 다큐멘터리로 걷다

바람이 멎은 자리에 나는 오래 멈춰 선다. 전쟁은 끝났지만, 덩케르크에는 아직도 시간이 조용히 흩어지고 있다. 덩케르크 해변에 도착한 나는 바다와 하늘, 그리고 바람 속에 남은 잔해들을 바라보며 한참을 걷는다.

전쟁은 끝났지만, 그 자리에 남은 건 시간의 파편들이었다. 기억은 눈에 보이지 않지만, 이곳에는 기억의 흔적이 땅속에 스며 있다. 파도가 덮고 간 흔적, 버려진 철조망과 바람에 깎인 벙커. 나는 그 조각난 시간들 앞에서, 아무 말 없이 오래 머문다.

### 과거와 마주하는 길

파리를 출발한 지 세 시간이 지났을 무렵, A16 고속도로를 따라 북쪽으로 달리자 점차 풍경이 달라진다. 플랑드르 평야가 펼쳐지며 하늘과 맞닿은 초원과 운하가 시선을 가른다. 칼레Calais(도버 해협에 면한 항구도시)를 지나니 물길과 운하가 한층 선명해지고, 마침내 '덩케르크Dunkerque'라는 표지판이 나타난다. 도시에 들어서자마자 코끝으로 스며드는 짭조름한 바닷바람에는 무거운 역사의 흔적이 실려 있다. 역사와 일상이 겹쳐 흐르는 곳이다.

을씨년스러운 덩케르크 해변의 바람은 유독 차갑다. 2023년, 이 해변을 걷는 나는 83년 전 이곳에서 일어났던 '기적'을 떠올린다. '모래 언덕 위에 세워진 교회'에서 유래한 이름, 덩케르크. 그 이름이 품고 있는 이야기를 찾아, 나는 오늘 이곳에 도착했다.

1939년 9월 1일, 나치 독일의 폴란드 침공으로 제2차 세계대전이 발발하며 유럽 대륙은 혼돈에 휩싸인다. 히틀러의 전격전은 서유럽 전역을 빠르게 잠식했다. 특히 에르빈 롬멜이 이끄는 기갑부대는 아르덴 산맥을 돌파하여 연합군의 측면을 기습했다. 1940년 5월까지 네덜란드, 벨기에, 룩셈부르크가 차례로 함락되며, 프랑스 북부를 지키던 영국 원정군과 프랑스군은 결국 작은 항구 도시 덩케르크로 밀려들어 고립됐다.

연합군 40여만 명이 독일군에게 포위된 절체절명의 순간, 처칠은 '작전 다이나모Operation Dynamo'를 발동했다. 1940년 5월 26일부터 6월 4일까지, 전쟁 역사상 가장 절박했던 9일간의 구출 작전이었다. 독일군은 하늘에서 '삐라'를 뿌렸다. '너희는 독 안에 든 쥐(WE SURROUND YOU)'라는 메시지로 공포심을 자극하며 연합군에게 절망을 강요했다. 그러나 역설적이게도 이는 영국인들의 결속을 강화하는 계기가 되었다.

## 영화 〈덩케르크〉와
## 재현된 역사

크리스토퍼 놀란의 영화 〈덩케르크〉는 이 역사적 순간을 강렬하게 재현했다. 1억 달러의 제작비를 들여 만든 이 작품은 역사적 사실에 충실하면서도, 예술적 감각으로 전쟁의 긴박함과 절망, 그리고 희망을 동시에 담아냈다. 영화는 독일군의 모습을 단 한 번도 직접적으로 보여주지 않는다. 대신 총성과 폭격음, 스튜카Stuka(독일의 급강하 폭격기)의 굉음이 공포를 극적으로 증폭시킨다. 공포는 시각이 아닌 청각으로 전해진다. 한스 짐머의 음악은 이 긴장감을 극

영화 〈덩케르크〉 속 전단지 장면과 실제 거리.
독일군이 뿌린 전단이 하늘에서 내려오던 그 골목.
영화 속 장면과 현재의 풍경이 겹쳐진다.

주인공 토미가 달리던 영화 속 장면과 실제 거리.
전쟁 속 청년의 눈빛이, 덩케르크의 해변과 골목 위에 여전히 남아 있다.

대화한다. 시계 초침 소리와 함께 끊임없이 상승, 하강하는 듯한 '셰퍼드 톤 Shepard Tone' 기법은 청각적 착시효과를 통해 관객을 화면 앞에 묶어 둔다.

특히 'Variation 15'는 에드워드 엘가의 '님로드 Nimrod'를 재해석한 곡으로, 영화의 유일한 테마 음악이다. 영화 후반부 영국 해군 함정이 나타나는 순간의 구원과 희망을 표현한다. 원곡이 영국의 제국주의적 긍지를 상징했다면, 한스 짐머의 변주는 인간애와 구원의 메시지로 승화되었다. 'The Mole'은 시계의 똑딱거리는 소리를 활용해 시간이 다가오는 긴박감을 전하고, 'Supermarine'은 공중전의 박진감을 더욱 생생하게 표현한다. 놀란 감독은 인터뷰에서 "보이지 않는 공포가 가장 큰 공포입니다"라고 말했는데, 이는 관객에게 시각이 아닌 청각으로 공포를 전달하려 한 연출 의도를 잘 보여준다. 실제 전투에 참여했던 연합군들이 느꼈을 공포가 아니었을까?

영화는 전 세계에서 5억 2,600만 달러의 흥행 수입을 기록했고, 아카데미 시상식에서 편집상, 음향편집상, 음향믹싱상을 수상했다. IMAX 카메라로 촬영된 실제 크기의 전투 장면은 영화의 압도적인 몰입감을 이끌어냈다는 평가를 받았다. 영국 영화 평론가 마크 커모드는 "전쟁영화의 새로운 지평을 열었다"고 극찬했다.

캐스팅 과정도 화제였다. 주인공 토미 역을 맡은 핀 화이트헤드는 당시 무명 연극배우였다. 놀란은 수백 명의 오디션 지원자 중 그에게서 당시 19세 청년 병사들의 눈빛을 보았다고 말한다. "저는 실제 참전 용사들의 증언을 읽으며 밤을 새웠습니다. 그들의 나이였던 19살의 제가 할 수 있는 최선이었죠." 핀 화이트헤드의 인터뷰 내용이다.

영화는 주인공의 개인적 감정에 초점을 맞춘다. 그가 연기한 병사 '토미'는 실존 인물이라기보다 전쟁 속 청년 세대를 대표하는 상징적 존재다. "이 영화는 개인과 집단의 생존에 관한 이야기이며, 그 생존이 결코 공평하지 않음을 보여준다." 놀란 감독의 이 말은, 전쟁이라는 극한의 상황에서 드러나는 인간 조건을 정면으로 마주하게 만든다.

 ▷ 〈덩케르크〉 OST 'Variation 15'
출처_ 워터타워 뮤직

## 물건들이 말하는
## 전쟁의 흔적과 유산

덩케르크 전쟁박물관을 찾았다. 실내에 들어서는 순간, 시간의 무게가 고스란히 느껴진다. 녹슨 헬멧, 찢어진 군복, 깨진 나침반 등 모든 전시품이 저마다의 이야기를 품고 있다. 특히 눈길을 끄는 것은 구조에 참여했던 민간 선박의 선장이 남긴 일지다.

덩케르트 전쟁박물관. '작전 다이나모'의 기억을 품고 있는 전쟁의 문턱.

"오늘도 열 명을 더 구했다. 그들의 눈 속에는 고향이 어른거렸다."

박물관 한켠에는 당시 사용된 통신장비가 전시되어 있다. 낡은 수신기 앞에 서면, 여전히 모스 부호가 들려오는 듯한 착각마저 든다. 다이나모 작전의 성공 뒤에는 영국 국민들의 자발적인 희생과 단합이 있었다. 군함이 부족한 상황에서 평범한 어부와 상선 선장들은 자신들의 배를 타고 위험천만한 항로를 오가며 병사들을 구해냈다.

## 해변을 거닐며

지금의 덩케르크는 과거와 현재가 겹쳐 흐르는 도시다. 해변가의 카페에서는 관광객들이 에스프레소를 즐기고, 그 뒤로 다이나모 작전 기념비가 서 있다. 매년 6월이면 당시의 구조 작전을 재현하는 행사가 열린다. 당시 구조에 참여했던 할아버지, 아버지의 후손들이 똑같은 바다 위를 항해한다. 전쟁의 기억을 가장 아름답게 되살리는 순간이다.

나는 말로Malo 해변을 거닐며 영화 속 장면들을 떠올린다. 토미가 동료의 시신을 뒤로한 채 담장을 넘던 골목, 구조를 기다리며 간절히 바다를 응시하던 병사들. 이곳은 단지 촬영지가 아니다. 83년 전 실제로 희망과 절망이 교차했던 생생한 무대다. 곳곳을 지날 때마다 가슴이 먹먹해진다. 물을 마시던 병사들의 목마름이 전해지는 듯하다. 실제 참전 용사 찰스 윈터턴은 "바닷물을 마시는 전우들도 있었지만, 그건 죽음을 재촉하는 일이었다"고 회고했다.

다이나모 작전은 단순한 군사 작전 이상의 의미를 가진다. 40여만 명이 구조된 이 대규모 구출 작전은 영국 국민들의 항전 의지를 지탱하는 정신적 기반이 되었다. 처칠은 이 기적을 "패배 속의 승리"라 불렀다. 구출된 병력은 이

덩케르크 전쟁박물관 전시실. 녹슨 총기와 군복, 장비 하나하나에
당시 병사들의 삶이 스며 있다.

영화 속 전투 해변. 고향은 저 너머지만, 바다는 여전히
넘을 수 없는 경계처럼 펼쳐져 있다.

후 북아프리카 전선과 노르망디 상륙작전 등에서 핵심 전력으로 활약했고, 궁극적으로 연합군이 전쟁에서 승리하는 데에도 크게 기여했다. 그러나 전쟁의 참혹함과 죽음의 공포는 언제나 이면이 존재한다. 젊은이들은 그 무게를 짊어진 채 또 다른 전선으로 떠나야만 했다.

## 덩케르크에서 배운 교훈

교회 첨탑에 올라 바다를 내려다본다. 나의 가슴에 새겨진 영화 속 명대사가 있다.

"You can practically see it from here. HOME.(보일 듯 말 듯, 저기… 우리가 돌아가야 할 집이 있어.)"

이 대사는 영화의 본질을 관통한다. 물리적으로 불과 40킬로미터 남짓 떨어진 영국이지만, 전쟁이라는 현실 앞에서 그 거리는 무한히 멀게만 느껴졌다. 희망과 절망이 뒤섞인 이 한 문장은 전쟁의 잔혹성과 아이러니를 고스란히 드러낸다.

"Survival is not fair.(살아남는 일에 공평함 따위는 없어.)" 독일 전투기를 피해 달아나던 병사의 이 외침은 전쟁의 무자비함을, "I'm not going back.(돌아가지 않겠어.)"이라고 절규하는 또 다른 병사의 목소리는 전쟁이 인간의 존엄성을 얼마나 파괴하는지를 보여준다. 실제 생존자 헨리 블로펠드는 "도버 해협이 눈앞에 보였지만, 달을 보는 기분이었다"고 증언했다.

간조 때면 아직도 모래사장에서 전쟁의 흔적들이 발견된다. 최근에는 한 어린 아이가 완전한 형태의 군용 수통을 발견해 화제가 되기도 했다. 도시는 이런 유물들을 소중히 보존한다. 과거의 상흔을 되새기며 평화의 교훈으로 삼기 위해서다.

덩케르크 작전의 이야기는 다양한 매체를 통해 여전히 이어지고 있다. BBC 다큐멘터리 〈덩케르크: 새로 밝혀진 증거 Dunkirk: The New Evidence〉(2017)는 최근 발굴된 자료들을 토대로 새로운 시각을 제시했다. 월터 로드의 『덩케르크의 기적 The Miracle of Dunkirk』(1982)은 300여 명의 생존자 증언을 바탕으로 쓰인 고전이고, 휴 세바그-몬테피오레의 『덩케르크: 마지막 한 사람까지의 전투 Dunkirk: Fight to the Last Man』(2006)는 프랑스군의 희생적인 저항을 조명했다. 특히 조슈아 레빈의 『덩케르크의 잊혀진 목소리 Forgotten Voices of Dunkirk』(2010)는 평범한 시민들의 목숨을 건 용기를 기록했다.

## 역사가 던지는 질문

오늘날 덩케르크는 프랑스 제3의 상업항이자 유럽의 주요 에너지 허브로 성장했다. 연간 4천만 톤 이상의 화물이 처리되는 이곳은 과거의 상처를 딛고 미래를 향해 나아가는 도시의 상징이 되었다. 해 질 녘, 덩케르크의 모래사장은 붉은 노을을 머금는다. 83년 전의 절박했던 9일간, 이곳에서 인간의 의지는 불가능을 가능으로 바꾸었다.

전쟁은 과거의 얘기로 끝났지만, 덩케르크의 이야기는 멈추지 않고 흐른다. 여전히 모래 언덕 위 교회가 묵묵히 그 기억을 지켜보고 있다. 날은 저물어가지만, 이곳에서 깨달은 교훈은 더욱 또렷해진다. 역사는 단순한 과거가 아닌, 현재를 살아가는 우리에게 질문을 던진다는 것이다. 덩케르크의 잔잔한 파도 소리가 오늘도 그 질문을 밀고 당기고 있다.

SCENE 03

## 자유와 정의의 종이 울릴 때
파리와 런던을 가로지른 위고를 따라 걷다

붉은 불길 속 무너진 제단,
성모송을 부르며 촛불을 든 파리 시민들의 눈물이
대성당을 감쌌다.

기억의 풍경, 다큐멘터리로 걷다

"파리가 울고 있다"

파리 시간 2019년 4월 15일 오후 6시 18분, 노트르담 대성당 지붕에서 시뻘건 불길이 치솟았다. 나는 아침에 일어나면 습관적으로 클래식 FM을 먼저 트는데, DJ가 전하는 대성당 화재 소식을 접했다. 바로 TV를 켰다. 외신을 통해 들어오는 실시간 영상에서는 붉게 타오르는 첨탑과 거리에서 눈물을 흘리는 파리 시민들의 모습이 교차했다.

'설마, 저 대성당이 무너지진 않겠지?' 간절한 바람과 달리, 불길은 걷잡을 수 없이 번져갔다. 2008년 2월 10일 발생한 숭례문 화재의 기시감이 나를 사로잡았다. 화재 발생 약 10시간 뒤에 겨우 진압되었지만, 이미 첨탑은 주저앉고 성당 내부 상당 부분이 훼손되었다는 보도가 쏟아졌다.

충격 속에서 파리 시민들은 대성당 주변에 모여 '성모송'을 부르며 망연자실 서 있었다. TV 화면 속 흐느끼며 노래하던 시민들의 모습이 나에게 또렷이 다가왔다. 이곳은 프랑스인들에게 단지 오래된 성당이 아니라, 삶의 일부이자 신앙과 문화의 심장임을 느낄 수 있었다. 그리고 나는 스스로에게 물었다. '왜 이 성당은 이토록 소중한가?'

## 문학이 건축을 살리다, 『노트르담 드 파리』의 기적

사실 이번 화재가 노트르담 대성당에 닥친 첫 위기는 아니었다. 19세기 초, 프랑스는 격변의 시기를 겪고 있었다. 대혁명 이후 제1제정이 무너지고, 왕정복고가 이어지는 혼란 속에서 중세의 유산들은 무자비하게 파괴되거나 방치되었다. 당시 지배계층은 고딕 건축을 야만적이고 구시대적인 것으로 치부했고, 노트르담 대성당 역시 철거 위기에 놓여 있었다.

이때 한 젊은 작가가 펜을 들었다. 1831년, 29세의 빅토르 위고는 장편소설 『노트르담 드 파리』를 발표한다. 당시 그는 이미 시인으로서 명성을 얻고 있었지만, 이 소설을 통해 진정한 문학적 도약을 이루게 된다. 흥미로운 점은 위고가 처음부터 대성당을 살리겠다는 목적으로 소설을 쓴 것은 아니었다는 사실이다. 그는 단지 중세 파리의 모습과 인간 군상을 생생하게 그려내고 싶었던 것이다.

## 건축과 인간의 서사시

『노트르담 드 파리』는 표면적으로는 꼽추 종지기 콰지모도와 집시 무용수 에스메랄다의 비극적 사랑 이야기다. 그러나 이는 극의 일부에 불과하다. 위고는 이 작품을 통해 건축과 인쇄술의 대립, 중세와 근대의 충돌, 그리고 인간 영혼의 고귀함을 한 편의 장대한 서사로 그려냈다.

위고는 소설 속에서 '이것이 저것을 죽일 것이다(Ceci tuera cela)'라는 상징적 구절을 통해 인쇄술의 등장이 건축의 시대를 종식시킬 것이라 예언한다.

19세기 『노트르담 드 파리』 초판본 표지. 이 작은 책 한 권이 대성당의 운명을 뒤바꿨다.

19세기 말 노트르담 대성당. 흑백 사진 속 첨탑이 세월과 역사를 머금고 있다.

2020년 겨울, 두 차례 연기 끝에 열린 프랑스 오리지널 팀의 〈노트르담 드 파리〉 마스크 너머로 전해지던 배우들의 열연 속, '새장 속의 새'는 팬데믹 시대를 사는 당시 우리 모두의 노래처럼 울려 퍼졌다.

중세에는 건축이 '돌로 쓰인 책'으로서 사상과 역사를 기록했지만, 인쇄술의 발명으로 그 역할이 종이로 옮겨갈 것이라는 통찰이었다. 그러나 역설적이게도 위고가 종이에 쓴 이 소설이 돌로 된 대성당을 구원하는 결과를 가져왔다.

소설은 또한 세 인물을 통해 인간 영혼의 다양한 면모를 탐구한다. 육체적 기형으로 인해 사회에서 소외된 콰지모도, 아름다움과 자유를 상징하는 에스메랄다, 그리고 욕망과 광기에 사로잡힌 사제 프롤로. 위고는 이들의 얽힌 관계를 통해 외면과 내면, 사랑과 증오, 구원과 파멸이라는 인간의 양극단을 심도 있게 다룬다. 무엇보다 콰지모도를 통해 '인간의 추함과 아름다움이란 무엇인가'라는 본질적 질문을 던진다.

당대 파리의 낭만주의 열기와 맞물려 소설은 출간 첫해에만 수만 부가 팔려나갔다. 더 중요한 것은 이 소설이 일으킨 문화적 파장이었다. 대중들 사이에서 '노트르담 대성당을 지켜야 한다'는 여론이 들끓었고, 마침내 1844년 프랑스 정부는 대규모 보수 공사를 결정한다. 특히 건축가 외젠 비올레 르 뒥의 1844년부터 1863년까지 이루어진 복원 작업은 단순한 보수가 아닌 '창조적 복원'이었다. 그는 무너진 첨탑을 당시 유행하던 네오고딕 양식으로 재해석했고, 성당 외벽의 괴물상들을 새롭게 더했다. 이는 19세기 낭만주의 시대의 중세 부흥 운동과 맞닿아 있으며, 위고의 소설이 불러일으킨 문화적 흐름과도 같은 맥락에 있다. 한 권의 소설이 거대한 건축물의 운명을 바꾼 것이다.

## 2024년, 두 번째 부활의 순간

2024년 12월, 나는 노트르담 대성당 앞에 서 있었다. 5년간의 복원 공사를 거쳐 대성당은 마침내 그 위용을 되찾았다. 놀라운 것은 이번에도 첫 번째 구

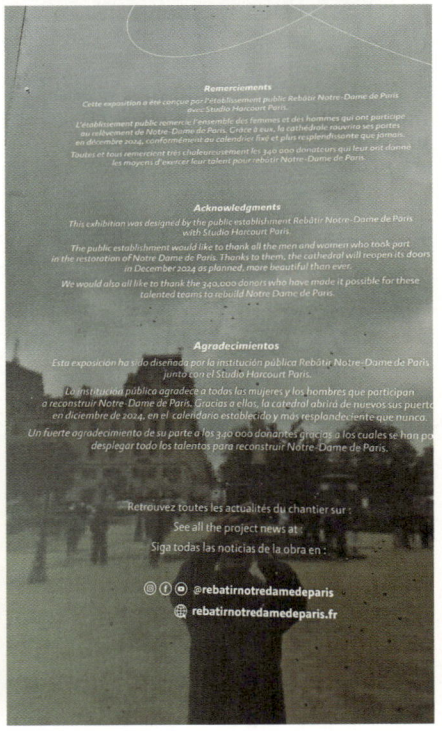

복원 중이던 2023년과, 부활한 2024년. 같은 자리에 서서 바라본 노트르담 대성당.
34만 명의 기부자들이 되살린 기억을 눈으로 확인했다.

복원된 지 10일, 나는 노트르담 대성당에서 첫 아침 미사를 올렸다.
종소리와 오르간이, 다시 이 공간을 깨웠다.

원의 기적과 비슷한 일이 벌어졌다는 점이다. 전 세계 34만 명의 기부자가 자발적으로 참여해 10억 유로가 넘는 기금이 모였다. 19세기에는 한 권의 소설이, 21세기에는 전 지구적 연대가 노트르담을 되살렸다.

성당 앞 광장에는 이렇게 적힌 표지판이 서 있었다. "전 세계 34만 명의 기부자에게 감사를 전합니다." 그 앞에서 다양한 언어가 뒤섞인 관광객들의 목소리가 들려왔다. 노트르담은 이제 더 이상 파리만의 것이 아닌, 인류가 함께 지켜낸 보편적 문화유산이 되었다.

대성당 내부로 들어서자 고딕 아치와 스테인드글라스가 예전처럼 웅장한 모습으로 나를 맞이했다. 파이프 오르간이 울리고 은은한 종소리가 퍼질 때, 나는 콰지모도가 종을 울리던 소설 속 장면을 떠올렸다. 어쩌면 빅토르 위고가 이 소설을 통해 진정으로 말하고 싶었던 것은 인간의 연대와 예술, 신앙이 빚어내는 기적이었는지도 모른다.

19세기에 위고의 문학이 없었다면 노트르담은 사라졌을 것이고, 21세기에 전 세계의 관심과 지원이 없었다면 화재의 상처는 복원되지 못했을 것이다. 결국 건축물을 살리는 것은 돌이나 철근이 아닌, 사람들의 마음이다. 마지막으로 울리는 종소리를 들으며, 나는 이곳에 시대를 초월한 위고의 영혼이 깃들어 있음을 느꼈다. 그가 『노트르담 드 파리』에 담은 인간에 대한 사랑과 믿음이, 두 번의 위기를 극복하는 힘이 되었으니 말이다.

## 빗물에 젖은 파리의
## 늦은 오후

촉촉이 내리는 파리의 낭만적 빗줄기를 우산 없이 맞으며 도시의 동쪽, 바스티유 광장에서 마레 지구까지 걷기로 했다. 바스티유 오페라 극장 앞, 비에 젖은 길 위로 사람들과 반사된 가로등 빛이 뒤섞여 파리 특유의 몽환적 풍경을 그리고 있었다. 이곳은 한때 절대왕정의 권력을 상징하던 바스티유 감옥이 있던 자리다. 하지만 1789년 혁명의 서막을 알린 바스티유 습격 이후, 이 공간은 자유와 혁명의 상징이 되었다. 빅토르 위고 역시 이 변화의 현장을 기억하는 이들 중 하나였다.

골목길을 따라 마레 지구로 들어서자, 유서 깊은 저택들과 갤러리, 레스토랑들이 양옆에 늘어섰다. 17세기 귀족들의 거주지였던 이 지역은 프랑스 혁명 이후, 귀족들이 떠난 자리에 예술가들과 지식인들이 자리 잡으며 파리의 문화적 심장부로 변모했다. 빗줄기는 좀 굵어졌지만 그 덕분에 '프랑스 낭만'이라는 말이 절묘하게 어울리는 풍경이 펼쳐졌다. 우산을 쓰고 느릿하게 걷는 사람들, 우산도 없이 비를 맞으며 웃고 떠드는 청춘들, 창문 밖을 내다보

비 갠 후 바스티유 광장.
혁명의 중심에서 피어난, 자유의 상징이 된 공간.

보쥬 광장 초기 모습. 1605년에 앙리 4세에 의해 조성되기 시작해, 1612년 루이 13세 때 완공됐다.

비 갠 보쥬 광장. 대칭의 광장 위로, 그림처럼 번져가는 파리의 정취.

는 어떤 노인의 모습까지 모든 장면이 한 폭의 수채화 같았다.

보쥬 광장에 이르자 먹구름 사이로 파란 하늘이 고개를 내민다. 비가 그쳤다. 앙리 4세가 1605년에 조성한 이 광장은 파리에서 가장 완벽한 대칭을 이루는 건축공간으로 손꼽힌다. 붉은 벽돌과 석회암으로 지어진 건물들이 정확히 정사각형을 이루며 광장을 감싸고, 중앙분수와 벤치 위에 고인 빗물이 햇빛을 받아 반짝인다. 17세기의 고풍스러운 아케이드를 따라 걷자, 저 멀리에서 음악 소리가 서서히 나에게 다가온다. 파리지앵 몇 명이 기타와 아코디언을 연주하고 있었다.

이곳에 처음 온 건 30년 전, 빅토르 위고의 집 Maison de Victor Hugo 을 보기 위해서였다. 그때도 설레는 마음으로 걸었지만, '노트르담 대성당'이 지닌 의미나 '낭만주의'라는 단어의 진정한 무게는 알지 못했다. 그로부터 30년이 지나, 다시 이 광장에 섰다. 이제 나는 노트르담 화재 현장을 직접 보았고, 위고의 소설이 실제로 시대와 건축물을 바꾸었다는 사실을 깊이 이해하게 되었다. 초등학교 시절 처음 읽은 『레 미제라블』의 장 발장, 젊은 날 처음 찾았던 위고의 집, 그리고 지금, 비 갠 보쥬 광장에 선 현재의 나. 이 세 시점이 겹치며 가슴속에 묘한 떨림이 일었다.

## 로댕의 조각,
## 그리고 또 다른 만남

광장을 따라 이어진 건물들 중 하나가 빅토르 위고의 집이다. 입구에 붙은 안내문을 보자, 30년 전과는 또 다른 감정이 가슴 깊숙이 밀려왔다. '내가 다시 이 문을 두드리게 될 줄이야.' 오랜 시간 떨어져 있다가 다시 만난 장소. 이

빅토르 위고의 집.
30년 만에 다시 마주하고, 오랜 기억의 문을 열었다.

빅토르 위고 초상과 로댕이 새긴 위고의 얼굴. 프랑스를 상징하는 지성이 깊이 새겨져 있다.

빅토르 위고의 침실.
그가 마지막까지 숨 쉬었던 방. 고요한 시간만이 흐르고 있었다.

곳은 위고가 1832년부터 1848년까지, 그의 가장 창조적인 시기를 보낸 공간이다. 2층으로 올라가 오귀스트 로댕이 만든 위고 흉상을 마주했다. 무거운 청동 재질 위에 새겨진 깊은 주름과 눈빛, 풍성한 수염, 거기엔 '프랑스를 상징하는 지성'이라는 로댕의 말이 오롯이 담겨 있다.

또 하나 인상적인 곳은 위고의 침실이다. 침대와 가구들을 당시 모습으로 재현해 놓았고, 벽에는 흑백 사진 한 장이 걸려 있다. 위고가 영면한 순간을 포착한 사진이다. 거장으로서의 기운보다는 인간의 고요한 마지막이 먼저 다가왔다. '콰지모도와 에스메랄다, 장 발장과 코제트를 품었던 그의 삶도 결국 이렇게 마침표를 찍었구나.' 누군가에게 들었다면 식상했을 말이지만, 그 사진 앞에서는 어떤 말도 꺼낼 수 없었다. 위고의 삶 자체가 파리와 함께 숨 쉰 역사의 한 축이었다.

빅토르 위고 집에서 내려다본 보쥬 광장.
30년 전의 나와 지금의 내가 다시 만났다.

## 시대를 품은 거인

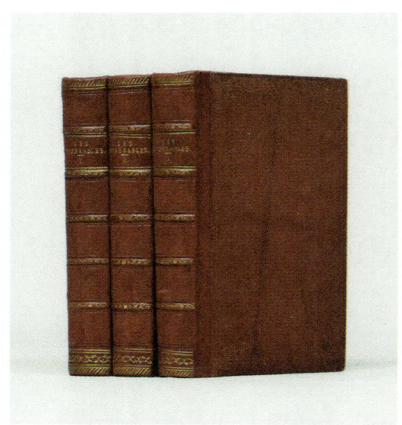

『레 미제라블』 초판 책 표지.
한 인간의 구원에서 시작된 위대한 서사와
희망이 담겨 있다.

'그렇다면 빅토르 위고는 누구인가?' 이 질문에 프랑스인들은 흔히 '위고를 빼고는 프랑스 문화를 말할 수 없다'고 답한다. 1802년 브장송에서 태어난 그는 청년 시절부터 시와 소설, 희곡을 넘나들며 낭만주의 흐름을 주도했다. 1830년대, 희곡 『에르나니』와 소설 『노트르담 드 파리』 등을 발표해 명성을 얻었고, 고전주의의 틀을 깨며 예술가의 자유와 감성을 강조한 새로운 문학의 방향을 제시했다.

그런데 그의 삶은 문학만큼이나 정치, 사회적 사건으로 가득 차 있었다. 왕정과 제정, 공화정이 교차하던 프랑스 격동기, 위고는 나폴레옹 3세를 비판하다 망명을 떠났고, 망명지에서 『레 미제라블』을 완성했다. 귀국 후에는 부유층과 권력자들에 맞서 사회적 약자를 대변했고, 민주주의를 부르짖었다. 그가 세상을 떠났을 때 수백만 시민이 거리로 나와 애도했고, 국가적 예우 속에서 팡테옹에 안장되었다.

프랑스에서 빅토르 위고는 '문학계의 대통령' 혹은 '국민 작가'로 불린다. 어린아이가 학교에서 가장 먼저 배우는 작가 중 한 명이고, 어른이 되어서도 그의 작품을 인생 지침서처럼 곱씹는다. 그가 평생 지키고자 한 가치는 '인간의 존엄과 자유'였다. 중세 파리를 배경으로 한 노트르담 대성당, 빵 한 조각을 훔친 장 발장의 이야기, 그 모든 작품이 결국 '사람답게 살 수 있는 세상'에

대한 희망을 말한다.

작곡가 프란츠 리스트는 위고가 쓴 시를 듣고 즉흥 피아노 연주를 펼치곤 했다고 한다. "위고의 언어에는 피아노 건반을 울리는 리듬이 있다"고 극찬했다니, 문학과 음악을 넘어서는 예술적 교감이 느껴진다.

보쥬 광장을 떠나기 전, 나는 다시 한번 위고의 집을 돌아보았다. 노을이 광장을 물들이기 시작했고, 아케이드 아래로 긴 그림자가 드리워졌다. 30년이라는 시간이 지나고 나서야 나는 위고가 왜 프랑스인들의 영원한 동반자가 되었는지 이해할 수 있었다. 그의 문학은 단순한 이야기가 아니다. 인간에 대한 깊은 애정과 사회 정의에 대한 열망을 담고 있다. 19세기 파리의 이야기가 오늘날 우리에게도 여전히 강력한 울림을 주는 것처럼, 빅토르 위고의 목소리는 시간을 넘어 계속해서 나의 마음을 두드릴 것이다.

## 런던의 심장에서 울리다, 웨스트엔드의 마법

런던 웨스트엔드West End는 영국 공연문화의 심장부다. 뉴욕 브로드웨이와 쌍벽을 이루며 세계 뮤지컬의 양대 메카로 꼽히는 이곳은, 빅토르 위고의 문학이 21세기에도 생생하게 숨 쉬는 현장이다.

"웨스트엔드에서 성공하면 브로드웨이로 간다"는 말이 있을 정도로, 이곳은 창작 뮤지컬의 등용문이다. 전통 극장들은 유서 깊은 시설과 체계적인 프로듀싱 시스템을 갖추고 있어, 배우와 스태프 모두 오랜 경험에서 비롯된 노하우를 자연스럽게 공유한다. 이런 환경 덕에 공연의 높은 완성도와 초장기 공연이 가능해지는데, 그 대표적인 예가 바로 〈레 미제라블〉이다.

웨스트엔드 거리와 손드하임 극장.
〈레 미제라블〉의 롱런을 이끌어낸 무대다. 밤 늦게까지 위고의 노래가 숨 쉰다.

뮤지컬 〈레 미제라블〉 커튼콜 장면.
바리케이드 위에서 되살아난 인간 존엄의 선언은 지금도 우리의 가슴을 울린다.

## 혁명과 자유의 대서사시

1862년 발표된 위고의 『레 미제라블』에는 흥미로운 탄생 일화가 있다. 1832년 6월 5일, 위고는 튈르리 정원에서 글을 쓰다가 총성을 듣고 바리케이드 현장을 목격한다. 그 순간 그의 머릿속에는 이야기 하나가 번개처럼 스쳐 지나갔다. 사회적 불의에 의해 죄인이 된 한 인간의 구원과 혁명의 이야기, 그것이 바로 『레 미제라블』의 시작이었다. 레 미제라블을 한국어로 직역하면 '비참한 사람들' 또는 '불쌍한 사람들'이다. 위고는 이 제목을 통해 19세기 프랑스 사회의 소외된 계층, 빈곤층, 그리고 사회적 불의의 희생자들을 조명하고자 했다.

무려 2500쪽에 달하는 방대한 분량의 이 소설은, 단순히 장 발장 한 개인의 이야기가 아니다. 위고는 1832년 6월 봉기를 배경으로, 프랑스 사회의 구조적 모순과 혁명의 정신을 깊이 있게 그려냈다. 특히 주목할 것은, 실제 1830년 7월 혁명을 담은 외젠 들라크루아의 명작 〈민중을 이끄는 자유의 여신〉과 『레 미제라블』 속 1832년 '6월 봉기'가 보여주는 미묘한 시대적 차이다.

들라크루아의 그림이 부르봉 왕정을 무너뜨린 시민혁명의 승리와 열정을 상징한다면, 위고가 그린 1832년의 봉기는 좌절된 혁명의 비극성을 보여준다. 하지만 두 작품 모두 자유와 희망이라는 보편적 가치를 공유한다. 들라크루아 그림 속 삼색기를 든 자유의 여신과 그 옆의 모자 쓴 소년은, 위고의 『레 미제라블』 속 가브로슈 캐릭터의 영감이 되었다.

'혁명은 인류의 정점이요, 혁명이야말로 신의 명령이다'라고 썼던 위고. 그는 소설 속에서 'ABC 친우회'의 청년들과 가브로슈를 통해 혁명의 순수한 이상과 비극적 현실을 대비시킨다. 특히 어린 가브로슈의 죽음은, 들라크루아 그림 속 소년의 이미지를 비극적으로 전복시키며 더 깊은 울림을 남긴다.

### 뮤지컬로 부활하다

뮤지컬 〈레 미제라블〉의 상징적인 포스터는 들라크루아의 〈민중을 이끄는 자유의 여신〉에서 영감을 받았다. 파랑(자유), 흰색(평등), 빨강(박애)의 삼색기를 연상시키는 색채 구성, 그리고 희망과 구원의 상징인 어린 코제트의 얼굴. 이 모든 요소는 프랑스 혁명의 정신을 현대적으로 재해석했다. 특히 '민중의 노래'로 잘 알려진 'Do You Hear the People Sing?(민중의 노래가 들리나요?)'는 들라크루아가 화폭에 담았던 민중의 함성을 음악으로 되살린 듯

외젠 들라크루아의 〈민중을 이끄는 자유의 여신〉
붓끝에서 시작된 혁명의 열기는 자유와 희망의 불꽃을 일으켰다.
삼색기를 든 자유는, 위고의 문학 속 소년에게로 이어졌다.

〈민중을 이끄는 자유의 여신〉 속
소년과 무대 위 가브로슈가 겹치는 순간,
혁명의 진짜 얼굴이 보인다.

뮤지컬 〈레 미제라블〉 포스터.
코제트의 커다란 눈동자가 무언가를
간절히 호소하는 듯하다.

한 울림을 준다.

1985년 첫 공연 이후 뮤지컬 〈레 미제라블〉이 지난 40년간 전 세계 관객의 마음을 사로잡은 힘은, 위고의 깊이 있는 원작과 뮤지컬 〈미스 사이공〉의 작곡가 클로드 미셸 쇤베르그의 서사적인 선율이 완벽한 조화를 이루었기 때문이다.

Do you hear the people sing?
Singing the song of angry men,
It is the music of a people
who will not be slaves again!
들리는가, 민중의 노래가
분노한 이들이 부르는 절박한 합창
그것은 다시는 노예가 되지 않겠다는
한 시대의 마지막 외침이다

이 구절이 울려 퍼질 때마다, 객석에는 전율이 흐르고 눈물이 맺힌다. 1832년 파리의 거리에서 울려 퍼졌을 민중의 함성이 21세기 런던의 극장에서 되살아나는 순간이다.

손드하임 극장의 회전무대 위 바리케이트는 마치, 들라크루아의 그림을 이 무대 위로 옮겨온 듯하다. 붉은 깃발을 든 학생들, 총탄이 빗발치는 가운데 노래하는 가브로슈, 마지막 순간까지 혁명을 위해 싸우는 ABC 친우회의 지도자 앙졸라스. 이들의 모습은 프랑스 혁명정신의 숭고함과 비극성을 동시에 보여준다.

## 시대를 넘어 울리는 자유의 종

『레 미제라블』이 오늘날까지 사랑받는 이유는, 작품이 던지는 질문이 여전히 유효하기 때문이다. '법과 정의는 어떻게 다른가?', '인간다운 삶이란 무엇인가?', '자유와 평등을 위해 우리는 무엇을 할 수 있는가?' 장 발장의 구원, 장 발장을 끈질기게 추적하는 자베르의 갈등, 학생들의 혁명. 이 모든 이야기는 오늘날에도 깊은 울림을 전한다. 특히 주목할 점은, 위고가 혁명을 그리면서도 증오나 복수가 아닌 사랑과 용서의 가치를 강조했다는 점이다. 장 발장이 자베르를 용서하고 메리우스를 지키는 장면, 에포닌이 자신의 목숨을 바쳐 메리우스를 지키는 순간, 이 모든 장면은 인간의 고귀함을 증명한다.

웨스트엔드의 밤거리를 걸으며, 나는 위고의 목소리를 들었다. 2,500쪽에 달하는 방대한 원작이 40년간 롱런하는 뮤지컬로 이어질 수 있었던 것은, 그가 이야기한 인간의 존엄성과 자유에 대한 갈망이 시대를 초월한 보편적 가치이기 때문일 것이다. 매일 밤 손드하임 극장에서 울려 퍼지는 'Do You Hear the People Sing?(민중의 노래가 들리나요?)'은 단순한 '뮤지컬 넘버'가 아니다. 그것은 들라크루아의 붓끝이 포착했던 혁명의 열기, 위고의 펜이 기록했던 자유의 외침, 그리고 인간의 존엄을 향한 끝없는 갈망을 담은 우리 시대의 찬가다. 빅토르 위고가 꿈꾸었던 것처럼, 이 노래는 앞으로도 계속, 우리 마음속에 자유와 정의의 종을 울릴 것이다.

▷ 〈레 미제라블〉 중 '민중의 노래'
출처_ 미국 더 킹스 아카데미

SCENE 04

# 존재와 이별,
# 예술의 마지막 목소리

무덤은 삶이 스쳐간 자리가 아니라

예술과 사랑이 마지막으로 숨 쉬는 공간이다.

나는 그 침묵 앞에 오래 멈춰 선다.

SCENE 04

# 카페와 묘지에서 만난 파리의 연인
### 보부아르와 사르트르를 찾아서

1885년 개업 이후, '레 뒤 마고'는 같은 자리를 지키고 있다.
과거엔 사르트르와 보부아르가 철학을 논하던 공간,
지금은 여행자들이 사진을 찍고 커피값을 계산하는 곳.

존재와 이별, 예술의 마지막 목소리

## 파리의 카페,
## 예술가들의 아지트

"파리의 카페는 단순히 커피를 마시는 공간이 아니다.
그곳은 혁명이 시작되고, 예술이 태어나며, 사랑이 피어나는 장소다."
- 앙드레 브르통

카페 '레 뒤 마고 Les Deux Magots'. 나는 이곳에 앉아 '미식가의 커피 세트 Café ou Thé Gourmand'를 주문했다. 초콜릿 무스, 타르트, 아이스크림이 눈과 혀를 즐겁게 하고, 진한 에스프레소 향이 코를 통해 머릿속을 휘감는다. 카페 안의 시끌벅적한 소음 속에서 한참 생각에 잠긴다.

창밖으로 보이는 '지적 우아함의 거리 Le quartier de l'élégance intellectuelle' 생제르맹 데 프레 Saint-Germain-des-Prés 구역은 수많은 이야기를 품고 있다. 17세기부터 이곳은 지성의 심장부였고, 예술과 삶의 중심지였다. 유명 작가, 철학자, 예술가들이 이곳을 드나들었다. 폴 베를렌, 아르튀르 랭보, 어니스트 헤밍웨이, 파블로 피카소, 그리고 장 폴 사르트르와 시몬 드 보부아르 등이 단골이었다. 카페는 그들의 아지트였다. 적은 돈으로 오래 머무르며, 마음껏 토론하고 창작할 수 있는 공간이었다.

문득, 75년 전 어느 날 사르트르와 보부아르가 이 테이블에 앉아 어떤 대화를 나누었을지 궁금해진다. 그들의 대화 속에서 실존주의 철학의 씨앗이 싹트고 있었을지도 모른다.

## 실존주의자들의 아침

"카페에서 우리는 존재했고, 생각했고, 서로를 사랑했다."
– 시몬 드 보부아르

레 뒤 마고, 카페 드 플로르, 라 쿠폴. 이 세 카페를 둘러보면서 나는 시간 여행을 하고 있다. 제2차 세계대전이 끝난 후, 이곳은 실존주의자들의 주 무대가 되었다. 벽에 걸린 흑백사진 속에서 그들의 모습을 마주칠 때면 마치 퍼즐을 맞추듯 과거와 현재가 연결되는 느낌이 든다.

레 뒤 마고, 카페 드 플로르, 라 쿠폴.

레 뒤 마고 내부. 사람들은 식사를 하거나 책을 읽고, 웨이터는 바쁘게 테이블을 오간다.
창밖으로는 생제르맹 거리의 빛이 부드럽게 들어온다.

벽에 걸린 사진, 테이블 옆의 작은 명판.
보부아르와 사르트르의 철학은 이제 공간 속 기억으로 남았다.

이곳 레 뒤 마고의 테이블 중 하나는, 보부아르가 특별히 아꼈던 자리다. 맞은편에는 늘 사르트르가 앉아 있었다. 둘은 이곳에서 잡지 〈레 탕 모데른〉을 만들었다. 전후 파리 지성계의 목소리를 대변했던 이 잡지는 실존주의의 중심이 되었다.

흥미로운 에피소드 하나는 이곳에서 정치, 철학 성향이 다른 카뮈가 사르트르와 격렬하게 다퉜다는 거다. 알제리 독립 문제를 두고 벌인 그들의 논쟁은 지금도 파리 지성계의 전설로 남아 있다. 피카소 또한 이 테이블 위에서 즉흥적으로 냅킨에 그림을 그리곤 했다고 한다. 그 시절 이 공간이 사람들에게 얼마나 특별했을지 커피향 사이로 상상이 번진다.

## 자유로운 영혼들의 사랑

"사랑은 소유가 아닌 동행이어야 한다."
– 장 폴 사르트르

실존주의. 다소 어렵게 들리는 이 철학 사조는 보부아르와 사르트르의 삶 속에서 생생하게 드러난다. "인간은 자유롭도록 선고받았다." 사르트르의 말처럼, 그들은 사랑에 있어서도 기존 관념에서 벗어나 자유로운 방식을 택했다.

결혼? 그들에겐 필요 없는 형식이었나 보다. 대신 둘은 '필수적 사랑'이라는 독특한 약속을 만들어냈다. 보부아르는 미국 작가 넬슨 올그렌과 러브레터를 주고받았고, 사르트르는 러시아 배우 올가, 심지어 그녀의 여동생과도 사랑에 빠졌다. 일일이 열거할 수 없는 파격적인 연애사지만, 결국 그들은 늘 다시 서로에게 돌아왔다.

사르트르가 세상을 떠난 뒤, 정확히 하루 모자란 6년 후 보부아르도 그 곁을 따랐다. 그리고 지금, 몽파르나스 묘지에서 영원히 함께 한다.

"파리의 묘지는 도시의 또 다른 공원이다."
- 샤를 보들레르

나는 서양의 묘지를 좋아한다. 엄숙하지만 평화롭고, 산책로로 그만이다. 평온함이 느껴진다. 파리의 묘지는 도시 한가운데에 있다. 파리 시내에서 가장 높은 몽파르나스 타워가 묘지 담장을 불쑥 뚫고 묘지를 내려다보고 있다.

몽파르나스 묘지.

묘지와 몽파르나스 타워가 맞닿은 풍경.
죽음과 도시의 삶이 조화를 이루는
파리 특유의 장면.

롯데월드타워 옆에 묘지가 있다고 상상해 보라. 낯선 광경이지만, 이곳을 거닐다 보면 마음이 편안해진다. 시민들의 조깅 코스가 되고, 반려견들에게는 더없이 좋은 놀이터이다. 주말에는 가족들이 산책을 온다. 죽음과 삶이 자연스럽게 공존하는 파리 특유의 분위기가 전해지다. 1824년에 문을 연 몽파르나스 묘지에는 샤를 보들레르, 기 드 모파상, 사뮈엘 베케트 같은 문학의 거장들이 잠들어 있다.

샤를 보들레르 묘비.
프랑스의 대표적인 시인이자
『악의 꽃』의 저자. 인간 내면의 어둠과
아름다움을 노래했다. 그의 시는
현대 문학 전반에 깊은 영향을 남겼다.

기 드 모파상 묘비.
단편소설의 대가인 모파상은 『여자의 일생』과 『벨아미』 등을 통해 인간 심리를 깊이 있게 파헤쳤다.

사뮈엘 베케트 묘비.
베케트는 『고도를 기다리며』로 노벨문학상을 수상한 아일랜드 출신의 극작가이자 소설가다. 실존주의와 부조리극의 대표다.

## 영원한 동반자가 되어

"우리의 사랑은 죽음보다 강하다."
- 시몬 드 보부아르

수많은 무덤들 사이에서 그들의 이름을 찾느라 한참을 헤맸다. 그리고 마침내, 나란히 놓인 그들의 합장묘 앞에 섰다. 눈길을 끌었던 것은 비석 위에 그려진 수많은 하트들이었다. 세계 각지에서 온 방문객들이 남긴 작품이다. 그렇게 하트에 둘러싸인 '장 폴 사르트르 1905-1980', 그리고 '시몬 드 보부아르 1908-1986', 이름이 선명하다.

사르트르와 보부아르가 잠든 자리. 지금도 그들의 사랑을 기억하는 공간이다.
나도 짧은 손편지 한 장을 놓았다.

묘지에는 두 사람을 추모하기 위해 놓인 꽃과 담배, 파리 메트로 티켓이 놓여 있다. 메트로는 사르트르가 생전에 즐겨 탔던 교통수단이었다. 몇몇 손수 쓴 짧은 편지도 보인다. 이 모든 것이 전 세계 사람들이 그들을 기억하는 방식이다. 살아서는 결혼을 거부하고 자유로운 사랑을 선택했던 그들이, 죽어서는 한자리에 함께 누워 있다는 사실이 묘한 아이러니이자 또 다른 형태의 약속처럼 느껴진다.

두 사람은 서로를 '본질적인 사랑'의 대상으로 삼아 51년간 동행했다. 그리고 지금, 그 유대는 몽파르나스 묘지에서도 계속되고 있다.

## 살아있는 유산

"우리가 남긴 것은 책이 아닌, 질문들이다."
- 장 폴 사르트르

사르트르는 "실존은 본질에 선행한다"며, 인간이 먼저 '존재'하고 이후 스스로 본질을 만들어간다고 주장했다. 보부아르는 『제2의 성』을 통해 "여성은 태어나는 것이 아니라 만들어진다"고 선언하며 여성의 사회적 조건과 평등에 관한 근본적인 질문을 던졌다. 그것은 인간 존재에 대한 근본적인 물음이다. '나는 누구인가?', '나는 어떻게 살아갈 것인가?'

묘지를 나서며 뒤돌아본다. 소박한 비석 위에 빛나고 있는 그들의 이름이 보인다. 그들은 잠들었어도, 우리에게 던진 질문들은 여전히 살아있다. 레 뒤 마고의 테이블에서, 몽파르나스 묘지의 고요 속에서, 나는 그들의 목소리를 들었다.

SCENE 04

# 빛과 고독, 광기의 여정
# 오베르 쉬르 우아즈에서 시작하다

오베르 쉬르 우아즈역 플랫폼.
고흐의 마지막 여정을 좇는 길은 이곳에서 시작되었다.

존재와 이별, 예술의 마지막 목소리

"(파리에서) 아를에 가기 전보다 (오베르 쉬르 우아즈에서) 훨씬 더 좋은 작품 활동을 할 수 있길 바라고 있어."

- 1890년 6월 어느 화요일,
  오베르 쉬르 우아즈에서 동생 테오에게 보낸 편지의 한 구절

1890년 5월 20일, 고흐는 파리를 떠나 오베르 쉬르 우아즈에 정착했다. 그로부터 70여 일 뒤인 7월 27일, 그는 자살을 시도했고, 이틀 뒤인 7월 29일 새벽 1시 30분, 37세의 나이로 세상을 떠났다.

## 예술가의 마지막 흔적

2017년 12월, 나는 파리 북역의 한 플랫폼에 서 있었다. 겨울 공기가 코끝을 매섭게 때렸다. 칼바람이 몰아치는 추위 속에서 나는 목적지를 향해 열차에 몸을 실었다. 목적지는 오베르 쉬르 우아즈.

생 우앙 로몬 역에서 내려 오베르 쉬르 우아즈행 기차로 갈아탔다. 차창 밖으로 드문드문 보이는 집들과 앙상한 나뭇가지들이 겨울의 정적을 더했다. 몸에 서서히 온기가 돌기 시작할 무렵, 아무도 없는 조용한 시골역에 도착했다.

나는 허허벌판 밀밭으로 발걸음을 옮기며 고흐가 남긴 작품들과 그의 마지막 70여 일에 대한 이야기를 상상했다. 겨울 안개가 자욱한 들판에는 아무

오베르 쉬르 우아즈 마을 초입에 세워진 고흐 동상.
낡은 외투를 걸치고 이젤과 팔레트를 멘 채 허공을
응시하는 모습이, 고독한 예술가의 뒷모습을 상징한다.

〈오베르 교회〉그의 시선을 따라가면,
어느새 눈앞엔 진짜 오베르 교회가 서 있다.

도 없었다. 발걸음을 옮길수록 스산한 느낌이 등골을 타고 올라왔고, 머릿속은 고흐가 이곳에서 느꼈을 고독과 불안으로 가득 찼다.

그가 생을 마감하기 직전 그렸다고 알려진 〈까마귀가 나는 밀밭〉의 배경이 된 풍경은 180도 파노라마로 내 눈에 가득 담겼다. 까마귀 떼가 날아올랐을 들판은 그림 속에 그려진 것만큼이나 황량하고도 처연했다. 그러나 그 그림에서 느껴졌던 불안과 절망은 순간 밀밭 위로 드리운 안개와 정적에 의해 묘한 평온함으로 바뀌었다. 마치 노이즈 캔슬링 이어폰을 낀 듯, 주변의 모든 소리가 꺼지고 나만의 침묵이 시작됐다. 나는 짙은 안개 속을 걸으며 고흐와 그의 동생 테오가 함께 잠들어 있는 공동묘지로 향한다. 묘지의 한구석, 담쟁이덩굴로 뒤덮인 두 개의 묘비가 나란히 놓여 있다. 장식이라고는 찾아볼 수 없는 간소한 무덤이다. 십자가조차 없다. 이는 당시 가톨릭 교리에 따라 자살한 사람의 무덤에는 십자가를 세울 수 없었기 때문이다. 그렇다. 고흐는 자살했다.

형 빈센트 반 고흐가 떠난 지 6개월 만에 테오 반 고흐도 그 뒤를 따랐다. 그의 무덤은 형의 무덤과 단단히 얽혀 있었다. 담쟁이덩굴이 두 무덤을 감싸 안아, 마치 하나의 합장묘처럼 보였다. 생전에 예술과 삶을 함께 나눈 형제의 우정을 고요한 평화가 함께하고 있었다.

## 거꾸로 시작된 여정, 그의 빛과 고독을 찾아서

묘지 앞에 서 있는 동안 나는 그들의 마지막 이야기가 아닌, 그들이 걸어온 삶의 여정을 따라가고 싶어졌다. 특히 고흐의 삶과 예술의 궤적은 그가 남긴

사진 제공_ 서경석

〈까마귀가 나는 밀밭〉 생의 끝자락에서 고흐가 남긴 마지막 걸작.
불안, 고독, 그리고 찬란한 황금빛 밀밭이 뒤섞여 있다.

〈까마귀가 나는 밀밭〉과 안개 낀 밀밭 전경.
까마귀 대신 고요함이 내려앉은 들판.
생의 마지막 그림 속 풍경이 눈앞에 펼쳐진다.

고흐와 테오 묘비. 담쟁이덩굴로 하나가 된 형제의 무덤.
고독한 두 삶이 조용히 함께 누워 있다.

흔적 속에서 더욱 선명해질 것이다. 나는 이 시간의 여정 속 흐름을 거슬러 올라가 보기로 했다. 오베르 쉬르 우아즈에서 시작된 그의 마지막 발자국에서부터, 생레미의 고통 속에서 피어난 걸작들, 아를의 강렬한 태양 아래 빛났던 작품들까지, 나는 고흐의 흔적을 되짚는 여정을 시작한다.

"살아있다고 느끼는 유일한 시간은 내가 그림을 그릴 때이다."
- 빈센트 반 고흐

## 생레미, 고통 속에서 피어난 빛

고흐의 작품과 흔적들을 담는 여정의 첫걸음은 생레미를 향했다. 그가 아를을 떠나며 자발적으로 찾아간 생레미의 정신병원에서 새로운 작품들로 창작의 고통과 고뇌를 희망으로 승화시켰던 이야기를 떠올렸다. 하루 두 편뿐인 버스를 타고 아를에서 그곳으로 향했다. 1시간여를 달렸다.

그가 입원했던 '생 폴 드 모솔'은 원래 11세기에 세워진 베네딕토 수도원이었지만, 1605년부터 프란체스코회 수사들에 의해 정신병원으로 운영되기 시작했다. 고흐가 머물렀던 1889~1890년, 이곳은 병원이었고, 그는 스스로 이곳에 들어왔다.

버스에서 내려 그곳으로 걸어가는 길은 평화롭게 잘 정돈되어 있었다. 그 길목에 고흐의 작품을 소개하는 안내문이 서 있었다. 나는 자연스레 발걸음을 멈췄다.

생레미에 도착한 1889년 5월 23일, 고흐는 동생 테오에게 이렇게 썼다.

생레미 정신병원 가는 길. 나도 고흐의 발걸음을 따라 이 길을 걷는다.

정신병원 길목에 늘어선 올리브 나무.
고흐가 사랑했던 나무들이 병원으로 향하는
길을 인도한다.

〈생레미의 생 폴 병원〉
이 그림을 그린 후 병원에서의 초기 생활을 묘사한
편지를 동생 테오에게 보냈다.

생 폴 드 모솔.
고흐가 약 1년을 머물며 창작에 몰두한 공간.
고통과 예술이 교차하는 장소였다.

고흐의 병실 복도.
약품 보관실 공간을 지나 마주한 그의 방.
창문 너머로 밀밭이 보이던 그곳에서
고흐는 침상 너머의 세계를 그려냈다.

쇠창살로 가로막혀 있지만,
그 너머에서 그는 수많은 별과 사이프러스를 그렸다.
닫힌 창이 아니라, 열린 상상력의 통로였다.

〈일출 아래 수확하는 농부〉 생레미 시절, 절망과 희망이 교차하는 순간을 담은 작품이다. 그림 앞에 모인 사람들의 눈빛에서도, 고흐의 뜨거운 숨결이 느껴진다.

"키 큰 소나무가 심어진 가꾸지 않은 정원이 있고, 그 밑에는 잡초와 풀들이 무성하게 자라고 있어. 나는 아직 밖에 나가보지 않았어. 회색, 녹색 벽지로 꾸며진 작은방에 머물고 있어. 창문에는 아주 옅은 장미 무늬가 있는 물빛 녹색 커튼 두 개가 달려 있어. 쇠창살이 가로막고 있는 창문 너머로는 사각형 틀 안에 갇힌 밀밭이 보였어."

나는 고흐가 거닐었을 생 폴 드 모솔 정원의 사이프러스 나무를 뒤로하고 건물 안으로 들어섰다. 최면에 걸린 듯 싱글몰트 위스키의 피트향이 내 코를 자극했다. 나는 평소 이 피트향을 '양호실 냄새'라고 표현한다. 이건 순전히 나만이 느끼는, 내 상상에서 나온 후각이었다. 이곳이 고흐가 입원했던 병원이었기 때문일 것이다.

테오필 페이롱 의사의 치료와 수녀, 간호사들의 돌봄을 받으며 고흐는 약 1년의 입원 기간 동안 무려 150점의 유화와 100점 이상의 드로잉을 쏟아냈다. 그가 창작의 고통과 희열을 함께한 방에 들어서는 순간 폐소공포증이 몰려온다. 나는 눈앞의 쇠창살을 가만히 응시했다. 차가운 쇠창살 너머로 보이는 풍경이 나를 창가로 이끈다. 좀 전의 폐소공포증은 어디로 갔나?

창문에 단단히 고정된 쇠창살. 그것은 고흐를 가둔 벽이자, 고흐의 상상력을 부추기는 틀이었다. 그 너머로 〈별이 빛나는 밤〉, 〈아이리스〉, 〈사이프러스가 있는 밀밭〉, 〈일출 아래 수확하는 농부〉, 〈낮잠〉, 〈올리브 과수원〉 등 수많은 걸작들이 이 작은 방 안에서 피어났다.

### 어렵게 열어준 태양의 도시
### 아를로 향하는 길, 빛을 찾아

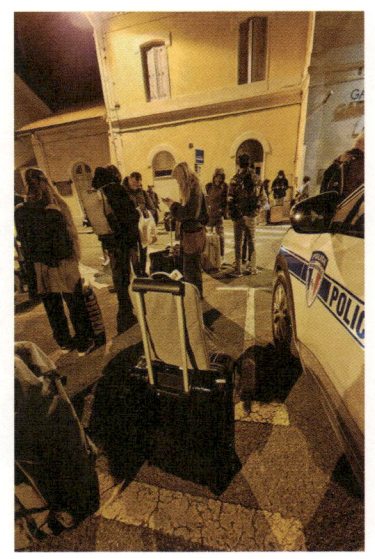

파리의 리옹역을 출발, 프랑스 제3의 도시 리옹에서 마치 추리소설에 나올 법한 아를행 기차를 탔다. 좁은 통로와 강렬한 빨간색 커튼이 내 눈을 끌어당겼다. 기차는 곳곳에 정차한다. 11번째 정차역에서 경찰이 올라타고 승객들을 모두 내리게 했다. 기차에 타고 있던 승객은 20여 명. 언어 소통이 되는 사람이 없었다.

영문을 알 수 없었는데, 한 모녀의 트렁크

를 들어주다가 엄마가 영어를 조금 할 수 있다는 사실을 알았다. 그녀는 리옹의 한 고등학교에서 건축을 가르치는 교사였다. 그녀의 설명에 따르면 기차에 짐 도난 사건이 일어나 조사를 한다는 거였다. 시골 역사 밖에서 추위에 떨던 우리는 경찰의 배려로 동네 관공서에 가서 몸을 녹일 수 있었다. 4시간 넘게 대기한 뒤, 다시 기차에 오를 수 있었다. 누구 하나 불평하지 않았고, 정적 속에서 묘한 연대감만이 떠올랐다.

모녀는 크리스마스를 맞아 가족을 만나러 가는 길이었다. 그녀는 프랑스 철도회사 SNCF에서 기차표 값을 환불해 준다는 것과 역에 마중 나오는 자신의 어머니가 차로 나를 호텔까지 데려다줄 거라고 말했다. 나는 밤 12시 30분이 돼서야 호텔에 짐을 풀 수 있었다.

며칠 뒤, 파리에 30년 넘게 살고 있는 효찬 형은 내 이야기를 듣고 웃으며 말했다. "와, 완전히 개꿀잼 스토리인데? 2024년에 이런 일이 가능한가 싶기도 해. 아가사 크리스티의 『리스본행 야간열차』 같다! 아니, '아를행 야간열

예상치 못한 혼란이 발생했다. 고흐를 찾아가는 길도 한 편의 드라마였다.
그리고 그날 밤, 예상치 못한 캐스팅이 있었다. 프랑스 모녀와 나.

차'라고 해야 되나? 너는 범인으로 의심받는 아시아 여행객이고, 너를 도와준 모녀가 알고 보니 모녀로 가장한 연쇄 살인범! 대충 이런 스토리가 그려지는데."

『리스본행 야간열차』는 아가사 작품이 아닌데. 그래, 『오리엔트 특급 살인』이 더 어울리겠다. 그렇게 고흐를 만나러 가는 길에 추억이 한 페이지 늘어났다.

## 고흐의 위안과 영감의 원천

아침 일찍 아를에서 제일 먼저 발걸음을 옮긴 곳은 고흐의 노란 집터이다. 안타깝게도 집은 현재 남아있지 않다. 제2차 세계대전 당시 연합군이 론강의 다리들을 폭격하던 중 노란 집도 완전히 파괴되었다. 론강은 그 집에서 불과 5분 거리에 있다. 그 론 강둑에서 고흐는 평화로운 밤 풍경을 캔버스에 담았다. 바로 그 유명한 〈론강의 별이 빛나는 밤〉이다. 1888년의 평화로운 풍경이 1944년 파괴되었다. 별이 빛나는 밤의 모습을 간직했던 〈노란 집〉은 암스테르담의 반 고흐 미술관에서 볼 수 있다.

그날 저녁, 나는 론강을 카메라에 담았다. 수많은 포탄이 떨어졌을 풍경은 평화로운 일몰을 머금고 있었다. 자연스레 오르세 미술관에서 만났던 〈론강의 별이 빛나는 밤〉과 일몰의 론강이 겹쳐졌다. 내가 방송 제작 시 선호하지 않는 편집 기법인 '디졸브'가 아주 느리고, 깊게, 10초 간 효과를 넣고 있었다.

론강을 뒤로하고 고흐의 대표적 야경 작품 중 하나인 〈밤의 카페 테라스〉의 '그 카페'를 찾았다. 필수 관광 코스가 된, 의미가 좀 퇴색된 카페는 임시휴업 중이었다. 야경 작품을 다룰 때 고흐가 흔히 그리는 '별이 빛나는 밤하

아침 햇살이 비추는 노란 집 터.
지금은 원형 교차로 너머에 흔적 없이 사라졌지만,
고흐가 꿈꾸었던 공동체의 빛은 여전히 이 자리에 머물고 있다.

〈노란 집〉 고흐가 공동체를 꿈꾸며
살았던 집이다. 그림 속 기억만이 오늘을
증언한다.

〈아를의 방〉 단정하게 정리된 침대와 의자.
화가의 고독이 진하게 배인 그의 방이다.

 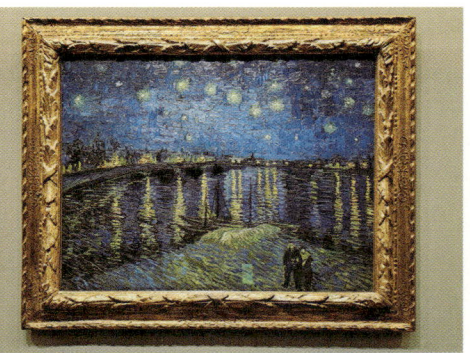

〈론강의 별이 빛나는 밤〉
별빛보다 더 환하게 기억되는 고흐의 론강. 석양 속 그의 영혼이 떠오른다.

사진 제공_ 네덜란드 오은정

〈밤의 카페 테라스〉 고흐의 대표적인 야경 작품.
지금은 관광객도, 별빛도 잠시 사라진 거리에서 고흐의 붓질만이 기억을 밝힌다.

늘'은 독특한 색채 사용과 감정적 표현으로 그의 내면세계를 반영한다. 고흐에게는 위안과 영감의 원천이었으며, 그의 작품에서 중요한 모티프로 자주 등장한다.

### 아를의 시간을 찾아가다

남프랑스 코트다쥐르 지역의 푸른 바다와 타오르는 태양은 수많은 화가들을 이끌었다. 피카소는 앙티브에, 마티스는 니스에 살았다. 샤갈은 생 폴 드 방스에서 20여 년을 지내고 그곳에서 삶을 마감했다. 세잔의 고향인 엑상프로방스도 빼놓을 수 없다. 지중해 연안에서 펼쳐지는 남프랑스는 '신이 내린 축복의 땅'이라 불리며 특히 화가들에게 중요한 빛, 태양빛이 모든 사물의 색감을 돋보이게 하는 신비함을 지니고 있다. 고흐에게 그 축복의 땅은 아를이었다.

남프랑스 해안 열차 안에서. 코트다쥐르의 태양과 바다.
이 빛의 풍경이 고흐에게 영감의 근원이었을까.

## 고대 로마의 흔적과
## 고흐의 붓터치가 공존하는 아를

고흐의 붓질이 남아있는 아를에서 시간 이동을 한다. 아침 녘 아를은 나를 로마시대로 안내한다. 제국의 흔적들이 도시 곳곳에 깊은 자취를 남기고 있고, 미로 같은 골목골목을 걷다 보니 골목 끝자락에 아를의 원형극장 Arles Amphitheatre, Arènes d'Arles이 눈앞에 들어왔다.

로마의 콜로세움이 AD 80년에 완공된 후, 로마제국 전역에 걸친 원형극장 건설 붐에 따라 10년 후, 로마 콜로세움 절반 규모의 원형극장이 아를에 건설된다. 심한 고소공포증이 있는 나는 떨리는 다리를 옮기며 원형극장 꼭대기에 올랐다. 2천 년 전에 울렸을 함성과 전율의 퍼포먼스를 영화〈글래디에이터〉를 소환해 투영해 보았다. 그 광기와 환호성은 없고 동네 고양이 한

아를 원형극장. 로마의 전율이 사라진 자리, 오늘의 주연은 고양이다.
주인공의 이름은… 캣투사!

프랭크 게리가 설계한 루마 아를 아트센터와 이우환의 〈아를로 가는 길〉
빛과 여백, 시간의 흐름이 이곳에 고요히 머문다.

마리가 원형극장을 유유히 거닐고 있었다. 어떤 맹수가 환생한 걸까? 가벼운 상상을 하며 피식 웃음이 났다.

고흐의 도시 아를은 현대미술을 품고 있는 곳이기도 하다. 세계적인 건축가 프랭크 게리가 설계한 '더 타워'(2021년)가 있고, 우리나라 현대미술의 거장 이우환 미술관이 아를에 자리 잡고 있다. 게리는 이 건물의 디자인에 대해 고흐의 〈별이 빛나는 밤〉과 아를 지역의 암석 군집에서 영감을 받았다고 말한다.

## 애증의 짧은 동거

35세와 40세의 화가들이 아를에서 동거를 시작한다. 고흐와 고갱이다. 둘은 늦깎이 화가라는 점이 닮았다. 고흐는 33세(1886년)부터 파리에서 본격적인 전업 화가의 길을 걸었고, 고갱은 35세(1883년)가 돼서야 삶의 전부를 그림에 걸었다.

고흐와 고갱이 함께 걷고, 그림을 논하던 알리강의 가로수길.
그들의 애증이 서린 이 길엔, 시간이 지나도 묘한 긴장감이 감돈다.
로마시대 초기부터 1500년간 매장지로 사용된 유네스코 세계유산.

고갱이 그린 〈해바라기를 그리는 고흐〉
시든 해바라기와 지친 고흐의 표정은 불안한 동거의 예감처럼 읽힌다.
이 그림은 결국 두 사람의 갈등에 불을 지핀 촉매가 되었다.

고흐는 아를에 '남부의 스튜디오'라 불리는 예술가 공동체를 만들고자 했고, 프랑스 브르타뉴 지방의 퐁타벤에서 예술가 공동체에서 활동한 고갱과 그 꿈을 함께할 수 있다고 믿었다. 고흐와 그의 동생 테오는 고갱에게 여러 차례에 걸쳐 구애의 편지를 보냈고, 당시 고갱의 어려운 경제적 상황이 맞물리며 이해관계가 형성되어 둘은 조우하게 된다.

하지만 그 만남은 파국의 시작이기도 했다. 둘은 성격부터 예술적 견해까지 너무나 달랐다. 고갱은 냉철하고 이성적이었고, 고흐는 감정적이고 열정적이었다. 그들은 서로를 존중하면서도 끊임없이 충돌했다. 어느 날, 압생트에 몸을 맡기고 취한 고흐는 그림 한 점에 폭발하고, 그들의 갈등은 절정에 달했다. 고갱이 아를을 떠나겠다고 결심한 그날 밤, 고흐는 심각한 정신적 위기를 겪으며 자신의 왼쪽 귀를 자르고, 그것을 종이에 싸서 매춘부에게 건넨다. 비극은 그렇게 시작되었다.

## 고통과 치유의 공간

나는 그들의 약 두 달간의 짧은 동거를 돌이켜 보며 아를의 골목을 걷고 있다. 내가 도착한 곳은 '에스파스 반 고흐 Espace Van Gogh.' 지금은 문화센터이지만, 당시 고흐가 자신의 귀를 자른 후 입원한 시립병원이 있던 자리다.

정원에 들어서는 순간, 고흐의 그림 〈아를 병원의 정원〉이 내 눈앞에 펼쳐진다. 중앙의 작은 분수는 당시 모습 그대로였다. 1989년, 고흐가 이곳에 머문 지 정확히 100년 후, 이 정원은 그의 그림을 바탕으로 복원되었다.

작은 분수에서 치솟는 물줄기를 바라보며 나는 고흐의 내면을 투영해 보았다. 그는 이 정원을 몇 번이나 거닐었을까? 투명한 물속에 비친 자신의 흔

'에스파스 반 고흐'의 정원. 귀를 자른 뒤 입원한 병원이다.
정원은 조용히 그의 아픔을 품고 있다.

분수에서 솟는 물줄기. 그는 이 소리를 들으며 그저 견뎠을 것이다.
고흐에게 이 정원은 작지만 유일한 피난처였을지도 모른다.

들리는 얼굴을 바라보며 무엇을 느꼈을까? 여전히 아파 보이지만 아마도 정원이 그에게 작은 위안이 되지 않았을까?

나는 정원 모퉁이 의자에 앉아 물줄기 소리를 들었다. 그리고 느꼈다. 고흐가 이곳에서 느꼈던 감정의 잔해가 흩뿌려짐을 느꼈다. 그 고립감과 외로움, 좌절감, 그럼에도 붓을 놓지 않았던 희망. 그 마음이 오늘의 나를 그의 그림 앞으로 데려온 것이 아닐까.

### 단 한 작품의 판매와
### 영원한 가치

고흐는 아마도 인류 역사상 가장 유명한 화가일 것이다. 그런데 생전에 팔린 작품은 단 한 점, 〈아를의 붉은 포도밭〉이다. 1890년 브뤼셀에서 열린 '20인 전'에 출품되어 동생 테오가 화상을 통해 400프랑에 팔았다. 작품을 소장하고 있는 푸시킨 미술관은 훼손을 최소화하기 위해 1948년 첫 전시 이후 단 한 번도 미술관 외부로 반출하지 않았다. 그만큼 이 한 점은 특별하다. 유일한

〈아를의 붉은 포도밭〉
해는 지고, 사람들은 포도를 딴다.
고흐 생전 단 한 번, 세상과 거래한
붉은 오후였다.

생전 판매작이자, 고흐가 살아서 '인정받은' 단 한 순간의 기록이다.

그렇다면 오늘날 우리가 보고 감탄하는 수많은 고흐의 걸작들은 어떻게 우리에게 온 것일까? 그 답은, 한 여성에게 있다. 암스테르담의 반 고흐 미술관 한 벽면을 장식하고 있는 사진과 설명이 있다.

"1891년 빈센트가 세상을 떠난 직후 테오도 사망하면서, 테오의 아내인 요한나 반 고흐 봉거는 갓난아이였던 아들 빈센트와 수백 점의 작품과 편지들을 유산으로 남겼다. 테오는 그의 형이 예술가로서 인정받기를 간절히 바랐고, 봉거는 그 꿈을 실현하는 것을 자신의 의무로 여겼다."

요하나는 고흐를 세상에 남긴 여성이다. 제수씨와 조카가 지켜낸 예술의 불씨.
고흐의 편지는 그림만큼이나 뜨겁고 인간적이다. 그의 내면과 예술, 사랑, 고뇌가 이 글 속에 살아 있다.

고흐는 생전에 제수씨 요한나와도 많은 편지를 주고받았다. 그녀는 고흐의 작품이 세상에 '잉태'되도록 만든 조력자였다.

## 고흐, 마지막을 그리다

나는 내가 따라간 고흐의 발자취를, 그가 마지막 생의 장소인 오베르 쉬르 우아즈에서 남긴 작품 하나로 정리하려 한다. 〈숲속의 두 인물〉이다. 1890년 7월 2일, 고흐는 테오에게 쓴 편지에 이 그림을 이렇게 묘사한다. "수풀, 풍경을 수직으로 관통하며 마치 기둥처럼 서 있는 보라색 포플러 나무줄기들."

"그는 애정 어린 한 쌍의 연인을 언급하지 않았으며, 이는 화가의 작업에서 아쉬움처럼 남아 있는 이 모티프의 마지막 등장이다. 여기에는 수평선이 없으며, 공간은 포플러로 인해 혼란스럽게 닫혀 있다. 검은 윤곽으로 강조된 나무줄기의 기하학적 형태는 풀과 꽃의 생생한 색감과 대조된다."
- 2023년 오르세 미술관 특별전 〈오베르와 반 고흐, 그의 마지막 순간〉 해설 중에서

## 빛과 어둠의 춤

이제 나의 여정도 끝나간다. 오베르 쉬르 우아즈에서 시작해 생레미를 거쳐 아를까지. 고흐의 발자취를 따라가며 나는 한 예술가의 영혼이 어떻게 빛과 어둠 사이에서 춤추었는지를 보았다. 그는 오베르 쉬르 우아즈에서 70여 일간 머물렀고 80여 점의 작품을 남기고 생을 마감한다.

고흐의 작품들은 시간을 초월해 우리에게 말을 건넨다. 그의 그림 속에서

〈숲속의 두 인물〉 수직의 숲, 수평이 사라진 공간.
고흐의 심경이 숲의 기둥 사이에 숨어 있다.

고흐의 무덤 앞,
아무도 없는 들판에서.
그의 붓자국과 나의 이야기가
겹쳤던 2017년의 기억.

## 고흐의 내면이 보이는 자화상들

〈펠트 모자를 쓴 자화상〉(1887)
파리 시절. 붓을 들기 전, 아직은 부드러운 시선.
고흐의 내면에 첫 바람이 불기 시작한 순간.

〈화가의 자화상〉(1888)
스스로를 화가로 선언하듯, 붓과 팔레트를
손에 쥔 단호한 모습. 파리에서 아를로,
변화의 서막이 시작되다.

〈붉은 수염의 자화상〉(1889)
고흐 생애의 마지막 자화상.
그의 그림 앞에서 관람객들은 말없이 머문다.
불안과 침묵, 마지막을 준비하던 영혼의 표정.

빛과 붓, 고흐는 결국
자신을 그리며 사라졌다.

나는 본다. 한 예술가의 열정과 고독, 광기와 천재성, 그리고 무엇보다 삶과 예술에 대한 지독하고도 순수한 사랑을. 나의 여정을 끝내며 8년 전 페이스북에 끄적였던 단상을 다시 읽어본다. 시간이 흘러도 고흐는 여전히 나의 이야기 속에 살아 있다.

고흐의 무덤 앞. 아무도 없는 들판에서. 그의 붓 자국과 나의 이야기가 겹쳤던 2017년의 기억.

SCENE 04

# 묘지 속의 하모니, 음악은 계속된다
### 빈 중앙묘지의 거장들

'명예의 묘역', 빈 중앙묘지의 음악가 구역.
모차르트와 베토벤, 슈베르트와 브람스, 슈트라우스까지,
오스트리아 음악의 심장이 여기서 뛴다.

존재와 이별, 예술의 마지막 목소리

## 빈의 겨울,
## 끝나지 않는 선율을 찾아

12월의 빈은 차갑다. 하지만 그 공기 속에는 묘한 따뜻함이 스며 있다. 쉔부른궁에서 들었던 요한 슈트라우스 2세의 '왈츠'와 요한 슈트라우스 1세의 '라데츠키 행진곡'이 아직 귓가에 아른거린다. 궁정 극장의 금빛 샹들리에 아래에서 3박자 왈츠 선율에 맞춰 상상 속에서 춤을 추던 순간은 내게 꿈결 같은 기억으로 남았다. 특히 마지막 곡 '라데츠키 행진곡'이 시작되자, 관객 모두가 일제히 손뼉을 치며 리듬을 함께 탄 그 광경은 잊기 힘든 장면 중 하나다.

이 곡은 클래식 공연 중에서 드물게 관객의 박수 참여가 전통이 된 작품이다. 1848년, 요한 슈트라우스 1세가 오스트리아의 장군 라데츠키를 기리기 위해 작곡했고, 초연 당시 군인들이 박자에 맞춰 손뼉을 친 것이 지금까지 이어진 것이다. 꿈에 그리던 빈 필하모닉의 신년 음악회는 아니었지만, 쉔부른궁에서 '라데츠키 행진곡'을 객석과 함께 체험한 것만으로도 나의 버킷리스트의 절반은 달성한 셈이다.

그날 밤 숙소로 돌아오며, 빈이 왜 '음악의 수도'로 불리는지 다시 마음 깊이 와닿았다. 모차르트와 베토벤, 슈베르트, 브람스, 그리고 요한 슈트라우스 1, 2세 등 이곳에서 태어나거나 활동하며 음악사의 심장에 발자국을 새긴 작곡가들의 숨결이 아직도 이 도시 곳곳에서 살아 숨 쉬고 있었다.

겨울 저녁, 환영 인사 'Willkommen'과 함께
쇤부른궁이 관광객을 맞이한다.

쇤부른궁 공연장. 화려한 샹들리에 불빛 아래 울려 퍼지는 왈츠.
빈의 우아함과 낭만이 살아 숨 쉰다.

 ▷ 요한 슈트라우스 1세: '라데츠키 행진곡'
  빈 필하모닉 2009~2024 신년 음악회, 출처_ medici.tv

모차르트 하우스의
'살라 테레나(Sala Terrena)'.
이탈리아어로 '지상층의 방'을 뜻하는 이곳은,
중세 수도원의 일부였던 공간으로
모차르트가 직접 콘서트를 열었던
역사적 장소다.

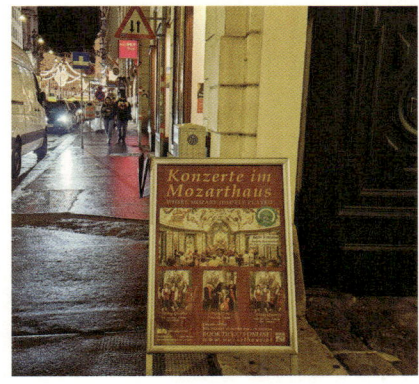

## 250년 전으로의 시간 여행

빈의 중심부 성 슈테판 대성당 주변 골목을 걷다 보면, '살라 테레나Sala Terrena'라는 작은 공연장을 만나게 된다. 원래 12세기 말 독일 기사단의 수도원 일부로 지어졌고, 베네치아 양식의 영향을 받은 바로크 프레스코화로 유명하다.

1781년, 스물다섯 살의 볼프강 아마데우스 모차르트는 이곳에서 여러 차례 작은 콘서트를 열었다. 지금은 '모차르트 앙상블'이 당시의 연주 방식을 재현하며, 250년 전의 감동을 오늘날 우리에게 그대로 전한다.

나는 이곳에서 모차르트의 '바이올린 소나타 E단조 K.304' 연주를 관람했

모차르트 하우스의 실내악 연주 장면.
바로크 양식의 화려한 프레스코화가 벽과 천장을 채우고,
18세기 음악이 생생히 되살아나는 공간이다.

 ▷ 모차르트: 바이올린 소나타 28번 E단조, K.304
　　출처_ 부산MBC

다. 연주자들의 시선과 호흡, 그리고 한 음 한 음 이어지는 부드러운 선율이 흐르면서, 순간, 오래된 건반 위로 흐르는 음의 결이 공간을 가득 채웠다.

바로크 양식의 프레스코화가 음악과 어우러져, 시간 여행을 하는 듯한 경험이었다. 현대의 빈을 걷다 이런 공간을 만나는 일이 이 도시에서는 일상이라는 사실이, 조용히 감동으로 다가왔다. 음악이 공기처럼 스며 있는 도시, 나는 그 숨결을 걷고 있었다.

### 중앙묘지로 향하는 첫걸음

12월의 차가운 새벽 공기를 가르며, 나는 이제 이 도시가 자랑스러워하는 음악가들의 영원한 안식처 '빈 중앙묘지'로 향한다. 화려한 궁정과 역사적인 공연장에서 맛본 음악의 도시는, 죽음을 맞이한 예술가들에게는 어떤 기억으로 남아 있을까. 이 여정은 어쩌면 그들의 삶과 음악을 진정으로 이해하는 또 다른 방법일지도 모른다.

도심에서 트램을 타고 약 30분쯤 나가자, 창밖으로 지나가는 풍경이 점점 한산해진다. 꽃집, 카페, 작은 상점이 하나둘 사라지고 마침내 묘지 입구가 보인다. 1874년부터 문을 연 이곳에는

이른 아침 트램에서 바라본 빈.
겨울 아침의 맑은 하늘이 서서히 도시를 밝히고, 도심을 벗어나 중앙묘지로 향하는 길은 고요하다. 마음속에는 이미 그들의 음악이 흐르고 있다.

중앙묘지 안의 성당. 인적이 드문 이른 시간, 오직 종소리만이 적막을 깨운다.

300만 명 이상이 잠들어 있다고 한다. 유럽에서 손꼽히는, 거대한 '침묵의 도시'다.

  중앙묘지 안으로 들어서니, 아침 햇살에 서서히 드러난 풍경이 평화롭게 다가온다. 산 자와 죽은 자의 경계가 맞닿아 있음에도, 이곳에는 묘한 포근함이 감돈다. 평화로운 묘지의 풍경에 고요히 머물던 순간, 멀리서 성당의 종소리가 울린다. 잔잔하면서도 맑은 그 소리는 묘지 구석구석을 관통하고, 내 마음까지 조용히 울린다. '음악의 도시' 빈에서는, 죽음의 공간에서도 음악적 울림이 이어지고 있었다. 그 소리는 마치, 산 자와 죽은 자의 세계를 잇는 보이지 않는 다리 같다.

### 영원을 생각하다

  '음악가 구역'의 한가운데 우뚝 선 모차르트 기념비는 이 묘지에서 가장 먼

모차르트 기념비.
실제 유해는 없지만, 그를 기리는 후대의 열망이 만들어낸 상징적 공간이다.

저 눈길을 사로잡는다. 실제로 모차르트는 이곳이 아닌 성 마르크스 묘지에 묻혔다. 정확한 묘소의 위치는 아직까지도 알려지지 않는다.

1791년 12월 5일, 35세의 젊은 나이에 세상을 떠난 모차르트의 장례는 빈이 경제적으로 어려운 시기, 황제 요제프 2세의 법령으로 빈의 관습에 따라 간소하게 치러졌다. 후대의 사람들이 그를 추모하기 위해, 그리고 그의 음악적 업적을 기리기 위해 이 기념비를 빈 중앙묘지에 세웠다.

스마트폰으로 그의 '레퀴엠'을 재생했다. 미완으로 남은 유작이자, 죽음을 예감하고 쓴 작품이라는 점에서 '라크리모사' 파트가 흘러나올 때, 묘지의 찬 공기 속에서 가슴 한구석이 저릿하게 아려 왔다.

'짧지만 빛나는 생애'라는 생각을 해본다. 불과 30여 년 동안 600곡 이상을 남겼다는 사실 자체가 기적에 가깝지 않은가. 삶이 끝나도 그의 음악이 이렇게 살아 있는 걸 보면, 죽음이란 건 어쩌면 또 다른 의미의 시작인지도 모르겠다.

▷ 모차르트: 레퀴엠 D단조, K.626 중 '라크리모사'
출처_ 도이치 그라모폰

## 영화와 현실 사이

모차르트를 이야기하면 빠질 수 없는 인물이 있다. 바로 안토니오 살리에리다. 영화 〈아마데우스〉 이후, 살리에리는 대중의 인식 속에서 모차르트를 시기한 '질투심 깊은 독살범'이 되어 버렸다. 그러나 역사적 진실은 그 이미지와는 다르다.

살리에리는 이탈리아 오페라를 발전시킨 궁정 악장이었고, 빈 음악계에서

영화가 만든 인물과, 역사가 남긴 무덤. 그 사이 어딘가에 진짜 살리에리가 있다.

도 권위 있는 음악가였다. 그의 오페라 '팔스타프'는 높은 완성도로 사랑받았고, 모차르트의 재능을 높게 평가했다는 기록도 있다.

   나는 모차르트 기념비에서 꽤 떨어진 곳에 위치한 살리에리의 무덤 앞에 섰다. 그 거리만큼이나 영화와 역사의 간극도 생각났다. 생전에는 같은 시대와 같은 무대에서 음악을 꽃피웠을 두 사람이, 죽음 이후에는 전혀 다른 자리에, 전혀 다른 기억으로 남았다. 사실보다 오래 살아남는 것은, 때로 예술이 만들어낸 이야기다.

## 고전의 틀을 부순
## 낭만의 혁명가

모차르트 기념비에서 왼쪽 뒤편을 바라보면, 베토벤의 무덤이 있다. 화강암으로 만든 묘비가 그의 음악처럼 강인하고 단단한 분위기를 자아낸다.

인적이 거의 없다. 오직 나만이 이 위대한 작곡가와 마주하고 있다. 이 고요한 순간에 멀리서 들리는 성당 종소리가 더해져, 마치 베토벤을 위한 추모곡처럼 느껴진다.

나는 오롯이 베토벤과 마주한 채, 백건우의 연주로 '피아노 소나타 17번 3악장 템페스트'를 들어본다. 맑은 겨울 공기 속에 격정적인 음이 흐르자, 내 가슴 어딘가에서 거센 폭풍이 몰아쳤다. 그건 베토벤의 내면에서 끓어오르는 혁명적 에너지였다.

'하일리겐슈타트 유서Heiligenstadt Testament'는 1802년 10월 6일 베토벤이 그의 동생 카를과 요한에게 남긴 편지다. 이 편지는 빈 근교의 하일리겐슈타트라는 마을에서 작성됐다.

베토벤은 28세 무렵부터 청력을 잃어 가며 극심한 고통에 시달렸다. 더 이상 음악을 만들 수 없다면 차라리 죽는 게 낫다며 자살까지 고민했지만, 결국 남겨야 할 작품이 있다는 이유로 삶을 붙잡았다. 그 결심 이후 '운명', '영웅', '합창' 같은 불멸의 교향곡이 이어진다. 예술사의 기적이다.

'청중의 박수 소리를 듣지 못한 채, 혼자서 음악의 세계를 걸어간 작곡가.'

▷ 베토벤: 피아노 소나타 17번 D단조, Op.31, No.2 '템페스트'(3악장 알레그레토)
출처_ KBS

베토벤 무덤. 화강암으로 조각된 웅장한 묘비에 'BEETHOVEN'이라는 이름이 새겨져 있다. 그 자체만으로도 위엄이 느껴진다.

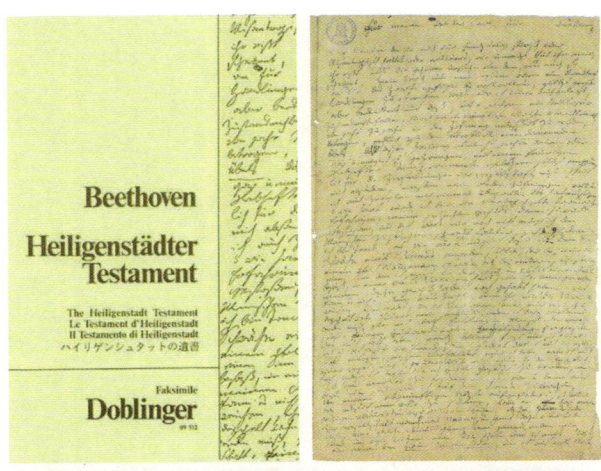

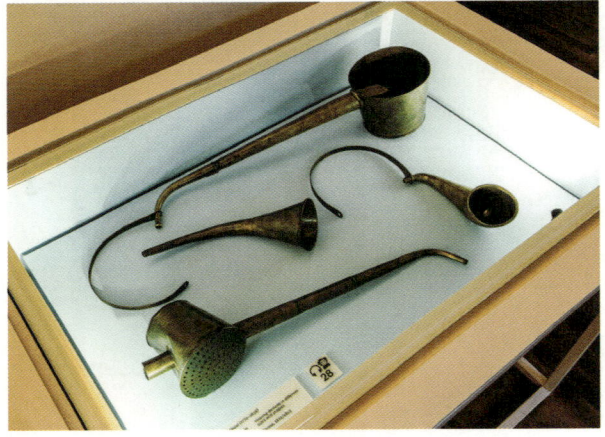

베토벤의 하일리겐슈타트 유서 사본과 귀 트럼펫. 청력을 잃어 가면서도 불멸의 걸작들을 탄생시킨 비극적 운명이, 오히려 그의 예술혼을 더 뜨겁게 만들었다.

 ▷ 베토벤: 피아노 소나타 14번 C#단조, Op.27, No.2 '월광'
　출처_ KBS

나는 잠시 눈을 감고 생각해 본다. 아마 베토벤은 귀를 통하지 않고, 영혼으로 세상의 소리를 들었을 것이다.

나는 베토벤을 떠나며 '월광' 소나타를 듣는다. '3악장 프레스토 아지토'는 그의 무덤 앞 말 없는 작은 꽃다발들을 깨우고 있었다. 그 소리는 지금도 살아있다.

### 서정과 비극이 깃든 시인

베토벤의 묘에서 몇 발자국 떨어진 곳엔 프란츠 슈베르트가 있다. 거대한 베토벤의 묘비와 달리, 슈베르트의 묘비는 아담하고 소박한 인상을 준다. 그의 음악처럼 서정적인 모습이다.

슈베르트는 1827년, 베토벤의 장례식에 직접 횃불을 들고 참석할 만큼 베토벤을 존경했다. 그리고 1년 뒤, 31세의 젊은 나이로 그 역시 생을 마감한다. "나를 베토벤 곁에 묻어 달라"는 그의 유언대로, 결국 두 작곡가는 이곳에서 나란히 영면 중이다.

나는 그의 '겨울 나그네' 중 '보리수'를 듣는다. 맑은 겨울 하늘에 실려 오는 그 선율이, 더없이 쓸쓸하면서도

슈베르트 무덤.
소박한 묘비 앞에는 그를 기억하는 이들의 꽃다발이 놓여 있다. 시간이 흘러도,
그가 남긴 노래는 조용히 다시 피어난다.

'슈베르티아데'를 묘사한 그림. 친구들과 함께 작은 음악회를 열던 슈베르티아데는 그의 성격과 서정성이 잘 드러나는 문화적 풍경이었다.

위로가 된다. '가곡의 왕'으로 불리지만, 정작 생전에 그는 대중적으로 큰 성공을 누리지 못했다.

슈베르트는 괴테의 시에 곡을 붙인 '마왕'처럼 드라마틱한 노래부터, '아베 마리아'처럼 경건한 곡까지 폭넓게 작곡했다. 소박한 듯 보이지만, 알고 보면 엄청난 표현력과 상상력이 깃들어 있다.

고요한 묘지, 그의 노래가 흐르는 이 순간, 나는 베토벤과 슈베르트를 떠올린다. 한 사람은 웅장한 오케스트라의 소리로 세상을 향해 외쳤고, 다른 한 사람은 겨울 길의 작은 보리수처럼 한 사람의 귓가에 속삭였다.

▷ 슈베르트: '겨울 나그네' 중 '보리수'
출처_ 도이치 그라모폰

### 사랑과 우정, 그리고 음악

음악가 구역을 조금 더 걷다 보면 요하네스 브람스의 무덤이 보인다. 묘하게 중후한 기품이 감돈다. 그의 음악처럼.

그의 '교향곡 4번'의 마지막 악장을 떠올리거나, '간주곡 Op.118 No.2'를 들어 보면, 브람스 특유의 깊고 성숙한 감정이 전해진다. 그는 낭만주의 시대임에도 고전적 형식을 중시했고, 그래서 '베토벤의 진정한 후계자'라는 평가도 받았다.

브람스와 슈만 부부의 이야기는 음악사에서 유명한 삼각관계로 회자된다. 스무 살의 브람스를 처음 만난 로베르트 슈만은 곧바로 그의 재능을 알아보고, '독일 음악의 미래'라며 극찬을 아끼지 않았다. 하지만 슈만이 정신병을

브람스 무덤. 단정하면서도 중후한 품격이 엿보이는 묘비이다. 브람스의 모토, '자유롭지만 행복하게(Frei aber froh)'가 떠오른다.

요하네스 브람스, 로베르트 슈만, 클라라 슈만.
로베르트가 병상에 있을 때, 브람스는 클라라를 지극정성으로 돌봤다.
둘 사이에 오간 감정은 전설로 남았다.

앓으며 병원에 입원하자, 브람스는 클라라와 그 가족을 지극정성으로 돌봤다. 둘 사이에 피어난 감정은 우정 이상이었을지 모르지만, 결국 결혼으로 이어지진 않았다. 슈만이 세상을 떠난 뒤에도 브람스와 클라라는 음악적 교감과 우정을 끝까지 지켰다. 브람스의 작품 속에서도 어딘가 섬세한 애틋함이 느껴지는 것은 이 때문일까.

묘비 앞에서 '간주곡 Op.118 No.2'를 들어 본다. 사랑이지만 한 걸음 물러서 있어야 했던 그 마음이, 음표들 사이에도 아련히 묻어나는 듯하다. 그는 말 대신 음악으로 고백했다.

 ▷ 브람스: 교향곡 4번 E단조, Op.98
출처_ 빈체로

 ▷ 브람스: 간주곡 A장조, Op.118, No.2
출처_ 백건우-주제

### 귀족 무도회를 장악한 '왈츠의 왕'

브람스의 무덤에서 얼마 떨어지지 않은 곳에는 '왈츠의 왕' 요한 슈트라우스 2세가 잠들어 있다. 장식적인 조각과 동상이 둘러싼 그의 무덤은 그의 음악처럼 화려하고 경쾌한 분위기를 풍긴다.

마치 어젯밤 쉔부른궁 극장에서 감상했던 '아름답고 푸른 도나우'가 다시 울려 퍼지는 듯하다. 귀족들의 사교댄스 음악이었던 왈츠를, 그는 한 세기를 대표하는 예술적 장르로 끌어올렸다.

나는 그가 지휘하던 19세기 빈의 무도회를 상상해 본다. 호화로운 드레스와 연미복 차림의 사람들이 3박자의 왈츠에 맞춰 우아하게 빙글빙글 도는 장면. 그의 음악은 고급 예술과 대중성을 동시에 사로잡은, 빈 음악사의 또 다른 얼굴이다.

요한 슈트라우스 2세 무덤.
다른 작곡가들의 묘비보다 한층 화려한 조각이 눈길을 끈다. '왈츠의 왕'다운 경쾌하고 장식적인 분위기다.

크리스마스 트리 아래, 슈트라우스의 왈츠가 춤을 춘다.
'아름답고 푸른 도나우' 이 왈츠는 그날 밤도 반짝였다.

▷ 요한 슈트라우스 2세: '아름답고 푸른 도나우'
출처_ 안드레 리우 프로덕션

## 영원히 이어지는
## 무언無言의 교향곡

'음악가 구역'을 천천히 걸으며, 나는 이들의 '무언의 교향곡'을 상상해 본다. 서로 다른 시대에 살다 간 작곡가들이 이제 한자리에 누워 서로 다른 화성을 주고받는 느낌이다.

베토벤이 슈베르트에게 '내 뒤를 이어 자유를 노래하라'고 외치고, 슈베르트가 브람스에게 '서정과 고독도 함께할 수 있어'라고 속삭인다. 브람스와 요한 슈트라우스 2세가 '음악은 경계가 없다'며 웃어 보이고, 살리에리가 저 멀리서 모차르트를 향해 '너의 천재성은 내게도 축복이자 저주였지'하고 중얼대는 상상을 해본다.

빈 중앙묘지 음악가 구역 전경. 음악의 전설들이 나란히 잠든 이곳을 걷다 보면, 나는 어느새 음악사의 한가운데 서 있다.

빈 중앙묘지 입구 꽃 가게. 하루 종일 무덤 앞을 밝힐 꽃들이 기다리는 이곳에, 수많은 이야기가 꽃잎처럼 피고 진다.

죽음은 이들을 갈라놓았으나 음악은 여전히 살아 있어 모두를 이어 준다. 이곳에서는 눈에 보이지 않는 교향交響이 끊임없이 흐른다.

해가 뉘엿뉘엿 기울 즈음, 다시 트램을 타고 도심으로 돌아왔다. 아침에 스며 있던 적막함과는 다른, 활기찬 밤의 빈. 가로등이 하나둘 켜지며, 멀리서 들려오는 카를 성당Karlskirche 종소리가 저녁의 도착을 알린다. 아침의 중앙묘지의 종소리와 같은, 그러나 또 다른 결을 지닌 울림이다.

'이 도시에서는 죽음조차도 음악이 된다.' 나는 이 말의 의미를 진정으로 이해한다. 빈 중앙묘지에서 만난 음악가들은 무덤 속 침묵을 통해 영원한 음악의 메시지를 전하고 있다. 베토벤이 귀를 닫고도 세상에 울려 퍼질 '운명' 교향곡을 남기고, 슈베르트는 31세의 짧은 삶 속에서도 수백 곡의 가곡으로 마음을 적시고, 브람스가 클라라를 향한 감정을 승화시켜 '간주곡'을 작곡한

빈 도심 야경. 이제 도시는 또 다른 생명력을 띠기 시작한다.

것처럼, 그들의 영혼은 음표를 통해 우리에게 말을 건넨다.

이곳에서는 음악이 역사이자 현재이며 미래다. 그리고 나는 오늘, 그 시간을 초월한 예술의 숨결을 온몸으로 느낀다. 죽음은 끝이 아니라 새로운 시작이며, 음악은 그 영원한 연결의 다리라는 것을.

▷ 베토벤: 교향곡 5번 C단조, Op.67 '운명'
출처_ DW Classical Music

SCENE 04

# 페르 라셰즈,
# 예술가들의 별이 된 자리

맑게 갠 페르 라셰즈 전경. 축구장 60개 크기의 광활한 묘지.
고즈넉한 오솔길과 고요히 늘어선 묘비들에서 중세적 정취가 느껴진다.
이 고요함이 예술가들의 영혼을 더 선명하게 떠오르게 한다.

존재와 이별, 예술의 마지막 목소리

쇼팽 '발라드 1번'의 여운

쇼팽의 '발라드 1번' 코다가 끝났는데도, 그 격정적이면서도 섬세한 선율이 머릿속을 떠나지 않는다. 파리 최대의 안식처이자 330만 명이 잠든 페르라셰즈 묘지. 죽음을 품은 공간이지만, 분위기는 묘하게도 누군가의 기억을 들춰보는 도서관 같고, 오래된 그림 앞에 멈춰 선 미술관처럼 고요하다.

내 발걸음은 외젠 들라크루아, 조르주 비제, 마리아 칼라스, 에디트 피아프, 이브 몽땅이라는 다섯 예술가를 향한다. 회화, 오페라, 성악, 샹송, 영화 등 장르는 달라도, 왠지 한 장면에서 교차했을 것 같은 이들이다.

어린 시절, 전축에서 돌아가던 LP판으로 접한 '카르멘' 아리아와 피아프, 몽땅의 샹송이 내 기억 속을 맴돌기에, 묘지라는 미로에서 '별'을 찾는 느낌으로 걸음을 옮긴다.

낭만의 붓이 그린
혁명과 음악

쇼팽의 무덤에서 얼마 멀지 않은 곳, 검은색 석재 무덤이 시선을 붙든다. 들라크루아 하면 누구나 먼저 〈민중을 이끄는 자유의 여신〉부터 떠올릴 것이다. 19세기 미술계에 폭발적인 변화를 일으킨 이 작품은 프랑스 7월 혁명

들라크루아 묘. 흑색 석재로 만들어져 더욱 독특한 무덤이다.
작은 꽃송이들 사이에서 그의 강렬한 낭만주의 붓질을 떠올리게 한다.

〈단테의 배〉 '지옥의 단테와 베르길리우스'라는 제목으로도 알려져 있다.
죽음과 내세를 강렬한 붓 터치로 표현한 들라크루아의 초기 대표작이다.

날것의 에너지와 감정을 강렬하게 담아냈다.

하지만 이 고요한 묘지 풍경과 묘하게 겹쳐지는 하나의 작품이 있다. 지옥의 강을 건너는 단테와 베르길리우스, 그리고 방황하는 망자들의 영혼을 담은 〈단테의 배〉다. 격정이 소용돌이치는 장면이지만, 그 안에는 의외의 정적이 깃들어 있다. 마치 이곳 페르 라셰즈, 죽음을 품되, 침묵으로 말하는 공간처럼.

앞서 '나의 쇼팽, 내 영혼의 발라드'에서 소개했듯, 들라크루아는 쇼팽과도 친교가 깊었다. "쇼팽이 연주하면, 캔버스 위에 색채가 흘러넘친다"는 말처럼, 두 예술가는 서로의 예술을 존중하며 19세기 낭만의 물결을 이끌었다. 검은 묘 앞에 서니, 생전 그의 붓질이 여전히 강렬하게 뻗어 나오는 듯한 기분이 든다.

### '카르멘'의 창조자, 짧지만 찬란했던 불꽃

조르주 비제 묘. 큼직한 석재에 'GEORGES BIZET'라는 이름만 새겨진 단출한 묘비. 낯선 악기 장식이 조각되어 있어 오페라 작곡가임을 암시한다.

미로 같은 묘지 오솔길을 따라 걷다 보면, 조르주 비제가 잠든 곳을 만난다. 그는 '카르멘'이 초연된 지 불과 석 달 뒤, 36세라는 젊은 나이에 심장마비로 세상을 떠났다. 그러나 그의 마지막 작품이자 대표작인 '카르멘'은 현재까지도 전 세계에서 가장 사랑받는 오페라로 남아 있다.

이 작품은 스페인 세비야의 정열적인 집시 여인 카르멘과 군인 돈 호세의 파국적

오페라 코미크 극장의 '카르멘' 공연 포스터. 비제 최후의 작품이자 가장 대중적인 오페라 중 하나. 1875년 초연 당시에는 혹평을 받았으나, 후에 전 세계적 사랑을 받게 되었다.

### '하바네라'의 핵심 가사 보기

"L'amour est un oiseau rebelle que nul ne peut apprivoiser…"
"사랑은 길들일 수 없는 새…"
구속할 수 없는 자유로운 감정, 즉 카르멘이라는 캐릭터의 정체성을 함축한다.

 ▷ '사랑은 길들일 수 없는 새'
출처_ 영국 로열 발레 & 오페라

런던 로열 알버트 홀 BBC 프롬스의 '카르멘' 공연.
관객들로 꽉 찬 거대한 원형극장에서 펼쳐지는 '하바네라', '투우사의 노래' 등 주옥같은 선율이 울려 퍼진다. 비제의 유산이 시공간을 넘어 빛나는 순간이다.

사랑을 다룬 파격적인 작품이다. '하바네라 Habanera'로 불리는 아리아 'L'amour est un oiseau rebelle(사랑은 길들일 수 없는 새)'는 누구나 한 번쯤 흥얼거릴 만큼 유명하다.

초연 당시 "너무 대담하다"는 혹평 속에 묻힐 뻔했지만, 지금은 가장 대중적인 오페라로 자리매김했다는 점이 참 아이러니하다. 나는 런던 로열 알버트 홀에서 이 작품을 관람한 적이 있다. '하바네라' 첫 소절이 시작되는 순간 느껴진 전율이야말로 비제가 남긴 위대한 유산이다.

그는 자신의 죽음 이후, 음악이 이렇게 오래 살아남을 거라곤 미처 몰랐을 것이다. 비제의 묘비를 지나치며, 나도 모르게 "L'amour est un oiseau rebelle…"를 흥얼거린다. 짧게 타올랐지만 영원히 사라지지 않는 음악적 불꽃이, 이곳에서 조용히 빛나고 있었다.

## 신성한 디바의
## 고독한 마지막 무대

차가운 공기가 콜롬바리움 Colum-barium(납골당) 내부를 감싼다. 한국의 밝고 깔끔하게 정돈된 납골당과 달리, 이곳은 수백 년 된 석재 건축물 특유의 무겁고 습한 분위기가 가득하다. 마치 중세의 미로 속을 걷는 기분이다.

그 한편, 'MARIA CALLAS' 명패가 붙은 납골함이 있다. 칸타빌레의 여왕으로 오페라계를 호령했던 마리아 칼라스. 그녀의 유해는 이곳에 잠시 안치되었다가, 이후 에게해에 뿌려졌다고 한다. 그럼에도, 지금도 납골함 앞에는 꽃다발과 쪽지가 끊이지 않는다.

칼라스는 조르주 비제의 '카르멘'을 비롯해 수많은 무대에서 최고의 존재

페르 라셰즈 콜롬바리움.
19세기 석재 건물 특유의 묵직함이 묻어난다.

마리아 칼라스.
20세기 오페라의 전설이자 '칸타빌레의 여신'.
카메라를 향한 이 짧은 시선에, 화려한 무대 뒤
고독이 고요히 배어 있다.

콜롬바리움 내부 복도. 돌벽에 습기가 배어 있고, 누렇게 낡은 벽면 너머로 묘지가 무겁게 자리 잡고 있다. 걸음을 멈추면 내 숨소리가 크게 올린다.

칼라스 납골함. 화려한 무대와 달리 소박하고 작은 공간. 팬들이 남긴 꽃과 메모가 아직도 이어진다.

▷ '사랑은 길들일 수 없는 새'
　마리아 칼라스, 출처_ 워너 클래식

감을 보여주었다. '오페라는 노래뿐만 아니라 연기가 중요하다'는 혁신적 메시지를 전하며, 20대 후반부터 40대 초반까지 전성기를 누렸다. 그러나 사랑 앞에서는 '카르멘'처럼 자유롭지 못한 삶이었다. 그리스 선박왕 오나시스와의 파란만장한 연애, 그의 재클린 케네디와의 결혼으로 인한 상실감, 성대 문제와 우울증이 겹쳐 53세에 심장마비로 파리의 한 아파트에서 홀로 생을 마감했다.

치명적 아름다움과 비극적 결말, 이 모든 것이 그녀를 '20세기의 전설'이라 부르게 만든 이유다. 납골함 앞에 서서 생각한다. '카르멘'의 '사랑은 길들일 수 없는 새' 가사를 그토록 강렬하게 해석했던 칼라스가, 정작 사랑에 발목 잡힌 삶을 살았다는 사실이 참 아이러니하다. 그래도 그녀의 목소리만은 죽지 않고 오늘도 어디선가 울려 퍼진다. 그것이 예술의 힘이다.

## '장밋빛 인생'을 노래한 작은 참새

산책하듯 묘지를 걷다 보면, 꽃이 유난히 많은 무덤이 보인다. 바로 에디 피아프의 안식처다. 파리 빈민가 출신으로 거리 공연을 전전하던 소녀가 '작은 참새 La môme piaf'라는 예명으로 세상에 알려졌고, 마침내 전 세계가 사랑하는 샹송의 여제로 우뚝 섰다.

그녀의 인생은 교통사고, 약물중독, 연

에디트 피아프. 키 148센티미터의 작은 체구와 당당한 무대 장악력으로 '파리의 작은 참새'에서 세계적 아이콘이 된 전설의 샹송 가수다.

에디트 피아프 묘. EP 이니셜이 새겨진 꽃병에 꽂힌 꽃들과,
누군가 두고 간 장미 한 송이가 오늘도 어우러진다.

인들의 죽음 등 숱한 역경으로 점철됐지만, 그 모든 짙은 감정이 목소리에 녹아 강렬한 진정성을 뿜어낸다. 프랑스 사람들에게 피아프는 단순한 옛 가수가 아니라, '샹송의 영혼'이자 '국가적 자부심'에 가까운 존재다.

'장밋빛 인생', '사랑의 찬가' 같은 대표곡들은 사랑과 희망을 상징한다. 특히 2024년 파리 올림픽 개막식에서 셀린 디온이 에펠탑을 배경으로 '사랑의 찬가'를 부른 장면은 세계적인 화제가 됐다. 61년 전 세상을 떠난 피아프가 다시 부활한 순간이었다.

꽃으로 화사하게 물든 묘를 보며, 그녀가 생전에 자주 했다는 말을 떠올린다.
"나는 무덤에서도 계속 노래할 거야."

그 말 그대로, 이 작은 묘비 안에서 그녀는 여전히 장밋빛 꿈을 노래하고 있는 듯하다.

**'장밋빛 인생' 핵심 가사 보기**

"Quand il me prend dans ses bras, je vois la vie en rose…"
"그가 내 품에 안길 때, 세상이 장밋빛으로 보이네…"
사랑은 현실의 고단함을 잠시나마 잊게 해주는 달콤한 환희와 희망이라는 뜻을 담고 있다.

▷ '장밋빛 인생'
　출처_ 에디트 피아프 공식 채널

▷ '사랑의 찬가'
　출처_ 셀린 디온 공식 채널

### '파리의 하늘 아래', 수트를 입은 파리지앵

피아프의 묘를 지나 조금 더 안쪽으로 들어가면, 이브 몽땅이 잠들어 있다. 젊은 시절 피아프의 눈에 띄어 샹송 무대에 섰고, 이후 영화계까지 진출하며 한때 연인 관계로도 이어졌다. 흔히 '프랑스의 프랭크 시나트라'라고 불리는 파리지앵이다.

그를 대표하는 곡으로는 '낙엽'이 꼽히지만, 나는 개인적으로 '파리의 하늘 아래'를 더 좋아한다. 부드럽고 따뜻한 음색 그리고 파리지앵 특유의 낭만이 느껴지는 곡이다. 한 소절만 들어도 파리 골목을 거니는 기분에 젖는다.

젊은 시절 레지스탕스 활동을 했던 몽땅은 전쟁 후 샹송과 영화에서 모두 성공을 거두며 파리지앵의 우아함을 세계에 알렸다. 특히 절제된 감정으로 인생의 쓸쓸한 진실을 담아낸 영화 〈마농의 샘〉은 내 '인생 영화'로 남아 있다.

이브 몽땅.
중절모와 수트가 트레이드마크인
우아한 파리지앵이었다.

단정하고 세련된 느낌의 이브 몽땅 묘비.
피아프의 무덤과 그리 멀지 않아, 샹송 황금기의 두 전설이 여전히 묘지 속에서도 이어지고 있다.

'파리의 하늘 아래'를 부르던 그의 목소리가 이곳에서도 은은하게 들리는 듯하다. 매끈하게 재단된 수트처럼 정갈하고 부드러운 그만의 분위기가 무덤마저 감싸고 있는 느낌이다.

---

**'파리의 하늘 아래' 핵심 가사 보기**

"Sous le ciel de Paris s'envole une chanson…"
"파리의 하늘 아래, 한 노래가 날아오르네…"
파리는 창작과 낭만이 끝없이 피어나는 도시라는 찬가.
사랑과 자유가 넘치는 파리의 정서를 노래한다.

 ▷ '파리의 하늘 아래'
　　출처_ 이브 몽땅 공식 채널

---

**'낙엽' 핵심 가사 보기**

"Oh! je voudrais tant que tu te souviennes des jours heureux où nous étions amis…"
"아, 우리가 행복했던 그 시절을 제발 기억해 줬으면 좋겠어…"
사랑도 시들고 추억이 낙엽처럼 쌓이지만, 그 순간의 행복만은 잊지 않기를 바라는 간절한 마음을 표현했다.

 ▷ '낙엽'
　　출처_ 이브 몽땅 공식 채널

 ▷ '낙엽'
　　출처_ 에디트 피아프 공식 채널

## 낙엽은 지지만,
## 예술은 별이 되어 남는다

이른 아침의 정적 속에 인적 없는 오솔길을 거닐며, 외젠 들라크루아, 조르주 비제, 마리아 칼라스, 에디트 피아프, 이브 몽땅을 차례로 만났다.

한 장짜리 지도를 들고 미로 같은 묘지를 걷다 보니, 낭만주의 회화, 오페라, 샹송, 디바의 전설들이 서로 다른 시대와 장르를 넘어 나란히 이어져 있다는 사실이 새삼 경이롭게 느껴진다. 페르 라셰즈에는 이들 외에도 다른 전설의 흔적, 오스카 와일드, 짐 모리슨 등도 만날 수 있다. 이곳은 죽음의 공간이라기보다 시간을 초월한 예술 기행이 이루어지는 거대한 기억의 무대다.

낙엽처럼 우리 삶도 언젠가는 시들고 흩어질 것이다. 하지만 예술가들이 남긴 유산만큼은 이처럼 영원히 우리 곁에 머문다.

페르 라셰즈 안내판. 복잡한 묘지를 안내해 주는 지도이자
여러 예술가의 영혼으로 향하는 지도다.

늦은 오후 페르 라셰즈. 석양빛이 길게 드리운 오솔길.
아침의 정적과는 또 다른 몽환적 분위기가 묘역을 감싸며 예술가들의 흔적을
더욱 선명히 드러낸다.

나는 피아프와 몽땅이 부른 '낙엽'을 흥얼거린다. 떨어진 낙엽은 바람에 흩어져도 그때의 추억과 빛은 남아 있다는 노래처럼, 예술가들이 남긴 흔적 또한 이렇게 영원히 스며 있다. 쇼팽의 '발라드 1번'의 여운과 함께 시작된 오늘 하루가, 낙엽이 진 이 풍경 속에서 또 하나의 별이 되어 나를, 그리고 이 계절을 비추고 있다.

EPILOGUE
# 장면이 지나간 자리에서

이 책의 마지막 문장을 쓰는 지금, 나는 편집실 한켠에 앉아 있는 기분이다. 카메라에 담긴 수많은 장면을 되돌려보며, 어떤 순간을 남기고 어떤 말을 꺼낼지 망설이던 그 시간처럼.

이 책의 한 문장 한 문장도 마치 그런 마음으로 썼다. 기록이 아니라 기억을, 설명이 아니라 시선을 남기고 싶었다.

다큐멘터리를 만들 때 나는 종종 생각한다. 우리가 보고 있는 이 한 장면이, 언젠가 누군가에게 '다른 삶을 생각하게 만드는 시작점'이 될 수 있지 않을까.

책도 마찬가지다. 어떤 페이지는 음악이 되고, 어떤 문장은 그림처럼 마음에 남기도 한다. 그리고 때때로 한 문장은 오래 묻어두었던 감정을 꺼내올지도 모른다.

나는 지금도 카메라 너머를 응시하듯 글을 쓴다. 그곳엔 한 인물의 얼굴이, 누군가의 삶이, 예술의 침묵이 있었다.

그리고 그 앞에서 나는 늘 질문을 품었다. 이 장면은 무엇을 말하는가. 나는 이 이야기를 어떻게 남길 것인가. 이 책이 그런 질문의 연속이었다면 좋겠다. 단지 내가 걸었던 여행의 기록이 아니라, 그 여정을 통해 독자 각자의 감정과 기억이 깨어나는 통로가 되기를.

    책장을 넘길 때마다, 또 하나의 다큐멘터리가 시작되기를 바란다. 장면은 달라지지만, 감정은 이어지고, 길은 끝나도 그 끝은 언제나 새로운 사유의 시작이 되기를 독자와 함께 나누고 싶다.

부록 | 본문에 소개된 미술작품

## SCENE 01
# 예술은, 내 안의 시간을 깨운다

○ 나의 쇼팽, 내 영혼의 발라드_
   파리와 바르샤바를 잇는 음악 여정

외젠 들라크루아,
〈쇼팽과 조르주 상드의 이중 초상
(Étude pour un double portrait
de Chopin et George Sand)〉,
1838년경,
프랑스 파리 루브르 박물관

외젠 들라크루아,
〈프레데리크 쇼팽의 초상
(Portrait de Frédéric Chopin)〉,
1838~1840년경,
프랑스 파리 루브르 박물관

외젠 들라크루아,
〈조르주 상드의 초상
(Portrait de George Sand)〉,
1838~1840년경,
덴마크 코펜하겐 오르드롭고르
박물관

펠릭스-조셉 바리아스,
〈쇼팽의 죽음(La Mort de Chopin)〉,
1885년,
폴란드 크라쿠프 국립박물관

## SCENE 02
# 나는 미술관에서 도시를 읽는다

○ 시간의 자화상,
   화가들이 거울에 비친 자신을 만나다

렘브란트 반 레인,
〈자화상(Self-Portrait)〉,
1628년경,
독일 프랑크푸르트
슈테델 미술관

388

렘브란트 반 레인,
〈모자와 두 개의 체인을 착용한
자화상(Self-portrait wearing a Hat
and two Chains)〉
1642년경,
스페인 마드리드
티센-보르네미사 미술관

렘브란트 반 레인,
〈두 개의 원이 있는 자화상
(Self-Portrait with Two Circles)〉,
1665~1669년경,
영국 런던 켄우드 하우스

파블로 피카소,
〈가발을 쓴 자화상
(Self-Portrait with Wig)〉
1900년,
스페인 바르셀로나 피카소 미술관

루시안 프로이트,
〈의자에 앉아 있는 남자
(Man in a Chair)〉,
1985년,
스페인 마드리드
티센-보르네미사 미술관

○ 침묵의 대화, 그림 속 여인이 전하는
   시대의 이야기

요하네스 페르메이르,
〈진주 귀걸이를 한 소녀
(Girl with a Pearl Earring)〉,
1665년경,
네덜란드 헤이그
마우리츠하위스 미술관

요하네스 페르메이르,
〈우유 따르는 하녀
(The Milkmaid)〉,
1658~1660년경,
네덜란드 암스테르담 국립미술관

에두아르 마네,
〈폴리 베르제르의 술집
(A Bar at the Folies-Bergère)〉,
1882년,
영국 런던 코톨드 미술관

에드가 드가,
〈압생트를 마시는 사람(L'Absinthe)〉,
1876년경,
프랑스 파리 오르세 미술관

앙리 드 툴루즈 로트렉,
〈춤추는 제인 아브릴
(Jane Avril Dancing)〉
1892년경,
프랑스 파리 오르세 미술관

아메데오 모딜리아니,
〈앉아있는 갈색 머리의
어린 소녀(Jeune fille brune assise)〉,
1918년경,
프랑스 파리 피카소 국립미술관

아메데오 모딜리아니,
〈폴 기욤의 초상(Portrait of
Paul Guillaume)〉,
1915~1916년경,
프랑스 파리 오랑주리 미술관

○ 빛과 순간의 여행,
  인상주의를 찾아서

티치아노 베첼리오,
〈전원의 합주(Concerto Campestre)〉,
1509~1510년경,
프랑스 파리 루브르 박물관

에두아르 마네,
〈풀밭 위의 점심 식사
(Le Déjeuner sur l'herbe)〉,
1863년,
프랑스 파리 오르세 미술관

티치아노 베첼리오,
〈우르비노의 비너스
(Venus of Urbino)〉,
1538년,
이탈리아 피렌체 우피치 미술관

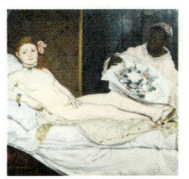
에두아르 마네,
〈올랭피아(Olympia)〉,
1863년,
프랑스 파리 오르세 미술관

클로드 모네,
〈인상: 해돋이(Impression,
soleil levant)〉,
1872년,
프랑스 파리 마르모탕 모네 미술관

피에르 오귀스트 르누아르,
〈물랭 드 라 갈레트의 무도회
(Bal du moulin de la Galette)〉,
1876년,
프랑스 파리 오르세 미술관

카미유 피사로,
〈몽마르트 대로, 오후 햇살(Boulevard
Montmartre, Afternoon Sunlight)〉,
1897년,
러시아 상트페테르부르크
에르미타주 미술관

클로드 모네,
⟨생라자르 역
(La Gare Saint-Lazare)⟩,
1877년,
프랑스 파리 오르세 미술관

조르주 쇠라,
⟨그랑드 자트 섬의 일요일 오후
(Un dimanche après-midi à l'Île de la Grande Jatte)⟩,
1884~1886년,
미국 시카고 미술관

폴 시냐크,
⟨우물가의 여인들
(Femmes au puits)⟩,
1892년,
프랑스 파리 오르세 미술관

클로드 모네,
⟨루앙 대성당 연작
(Rouen Cathedral Series)⟩,
1892~1894년,
프랑스 파리 오르세 미술관

가쓰시카 호쿠사이,
⟨가나가와 해변의 높은 파도 아래(神奈川沖浪裏)⟩,
1831년경,
미국 뉴욕 메트로폴리탄 미술관

우타가와 히로시게,
⟨신오하시 다리와 아타케에 내리는 소나기(大はしあたけの夕立)⟩,
1857년,
미국 뉴욕 메트로폴리탄 미술관

클로드 모네,
⟨수련이 있는 연못, 녹색의 조화(Le Bassin aux nymphéas, harmonie verte)⟩,
1899년,
프랑스 파리 오르세 미술관

클로드 모네,
⟨수련 대작 연작
(Les Grandes Décorations)⟩,
1914~1926년,
프랑스 파리 오랑주리 미술관

○ 욕망과 예술의 아슬아슬한 경계,
　명화 속 에로티시즘

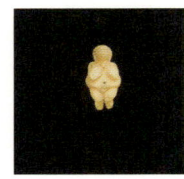
작가 미상,
⟨빌렌도르프의 비너스
(Venus von Willendorf)⟩,
기원전 28,000년~25,000년경,
오스트리아 빈 자연사박물관

구스타프 클림트,
〈키스(Der Kuss)〉,
1907~1908년,
오스트리아 빈 벨베데레 상궁

에곤 실레,
〈포옹(Die Umarmung)〉,
1917년,
오스트리아 빈 벨베데레 미술관

장 오노레 프라고나르,
〈그네(Les hasards heureux de l'escarpolette)〉,
1767년경,
영국 런던 월리스 컬렉션

프랑수아 부셰,
〈레다와 백조(Leda and the Swan)〉,
1740년대 전후,
스웨덴 스톡홀름 국립박물관

프란시스코 고야,
〈옷 벗은 마하(La Maja Desnuda)〉,
1797~1800년경,
스페인 마드리드 프라도 미술관

프란시스코 고야,
〈옷 입은 마하(La Maja Vestida)〉,
1800~1805년경,
스페인 마드리드 프라도 미술관

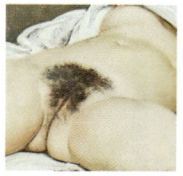
귀스타브 쿠르베,
〈세상의 기원(L'Origine du monde)〉,
1866년,
프랑스 파리 오르세 미술관

산드로 보티첼리,
〈비너스의 탄생(Nascita di Venere)〉,
1484~1486년경,
이탈리아 피렌체 우피치 미술관

디에고 벨라스케스,
〈로크비의 비너스
(La Venus del Espejo)〉,
1647~1651년경,
영국 런던 내셔널 갤러리

○ 황금빛 도시 빈,
　분리파를 만나다

구스타프 클림트,
〈베토벤 프리즈(Beethoven Frieze)〉,
1902년,
오스트리아 빈 제체시온
(빈 분리파 전시관)

오스카 코코슈카,
〈한 손으로 얼굴을 만지는
자화상(Self-Portrait, One Hand
Touching the Face)〉,
1918~1919년,
오스트리아 빈 레오폴트 미술관

오스카 코코슈카,
〈연인들, 알마 말러와 오스카
코코슈카(Lovers)〉,
1913년,
오스트리아 빈 레오폴트 미술관

○ 빈의 황금빛 열정_
　클림트와 쉴레의 예술로 걷는 기행

구스타프 클림트,
〈아델 블로흐-바우어 부인의 초상 I
(Portrait of Adele Bloch-Bauer I)〉,
1907년,
미국 뉴욕 노이에 갤러리

에곤 쉴레,
〈줄무늬 티셔츠를 입은 자화상
(Self-portrait with Striped Shirt)〉,
1910년,
오스트리아 빈 레오폴트 미술관

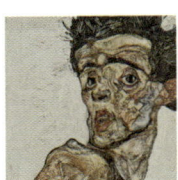
에곤 쉴레,
〈들어올린 한쪽 어깨를 드러낸
자화상(Self-portrait with
Raised Bare Shoulder)〉,
1912년,
오스트리아 빈 레오폴트 미술관

에곤 쉴레,
〈앉아 있는 남성 누드
(Seated Male Node)〉,
1910,
오스트리아 빈 레오폴트 미술관

에곤 쉴레,
〈죽음과 소녀(Death and
the Maiden)〉,
1915년,
오스트리아 빈 벨베데레 미술관

구스타프 클림트,
〈여인의 전신 초상을 위한 습작과 드로잉(Study for a full-length female portrait, ca. 1900s)〉,
1900년대 초반,
오스트리아 빈 레오폴트 미술관

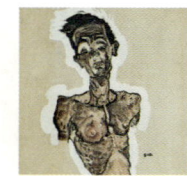
에곤 쉴레,
〈자화상(Selbstakt)〉,
1910년,
오스트리아 빈 레오폴트 미술관

구스타프 클림트,
〈유디트 I(Judith und Holofernes)〉,
1901년,
오스트리아 빈 벨베데레 미술관

구스타프 클림트,
〈다나에(Danaë)〉,
1907년,
개인 소장

구스타프 클림트,
〈죽음과 삶(Tod und Leben)〉,
1910~1915년,
오스트리아 빈 레오폴트 미술관

에곤 쉴레,
〈무릎을 구부리고 앉아 있는 여인(Seated Woman with Bent Knees)〉,
1917년,
체코 프라하 국립미술관

에곤 쉴레,
〈가족(Familie)〉,
1918년,
오스트리아 빈 벨베데레 미술관

○ 다 빈치의 마지막 숨결을 따라
  500년의 시간 여행

장 오귀스트 도미니크 앵그르,
〈레오나르도 다 빈치의 죽음(La Mort de Léonard de Vinci)〉,
1818년,
프랑스 앵그렝 에콜 데 보자르

 레오나르도 다 빈치,
〈동방박사의 경배
(Adorazione dei Magi)〉,
1481년경(미완성),
이탈리아 피렌체 우피치 미술관

 레오나르도 다 빈치,
〈수태고지(Annunciazione)〉,
1472~1475년경,
이탈리아 피렌체 우피치 미술관

 레오나르도 다 빈치,
〈최후의 만찬(The Last Supper)〉,
1494~1498년,
이탈리아 밀라노 체나콜로 빈치아노
(다 빈치 최후의 만찬 박물관)

 레오나르도 다 빈치,
〈모나리자(Mona Lisa)〉,
1503~1506년경,
프랑스 파리 루브르 박물관

○ 플란다스의 개, 예술과 기억을 찾아서
  안트베르펜 기행

 피터 파울 루벤스,
〈십자가에서 내려짐
(The Descent from the Cross)〉,
1612~1614년,
벨기에 앤트워프 대성당

 피터 파울 루벤스,
〈십자가에 올려짐
(The Elevation of the Cross)〉,
1610~1611년,
벨기에 앤트워프 대성당

 피터 파울 루벤스,
〈성모 승천(The Assumption of
the Virgin)〉,
1626년,
벨기에 앤트워프 대성당

 피터 파울 루벤스,
〈자화상(Self-Portrait)〉,
1623~1625년경,
오스트리아 빈 미술사 박물관

 피터 파울 루벤스,
〈마리 드 메디치의 대관식
(The Coronation of Marie de'
Medici at Saint-Denis)〉,
1622~1625년,
프랑스 파리 루브르 박물관

○ 마드리드의 빛과 그림자 속으로
  '황금 삼각형' 예술 기행

디에고 벨라스케스,
〈시녀들(Las Meninas)〉,
1656년,
스페인 마드리드 프라도 미술관

프란시스코 고야,
〈1808년 5월 3일의 마드리드
(El tres de mayo de 1808)〉,
1814년,
스페인 마드리드 프라도 미술관

에드워드 호퍼,
〈호텔 방(Hotel Room)〉,
1931년,
스페인 마드리드
티센-보르네미사 미술관

폴 고갱,
〈마타 무아(Mata Mua)〉,
1892년,
스페인 마드리드
티센-보르네미사 미술관

파블로 피카소,
〈게르니카(Guernica)〉,
1937년,
스페인 마드리드
레이나 소피아 국립미술관

도라 마르,
〈게르니카 초기 스케치 및 제작 과정〉,
1937년, 은염 사진,
스페인 마드리드
레이나 소피아 국립미술관

살바도르 달리,
〈위대한 자위 행위자
(El Gran Masturbador)〉,
1929년,
스페인 마드리드
레이나 소피아 국립미술관

## SCENE 03
## 기억의 풍경, 다큐멘터리로 걷다

○ 자유와 정의의 종이 울릴 때_
   파리와 런던을 가로지른 위고를 따라 걷다

외젠 들라크루아,
〈민중을 이끄는 자유의 여신
(La Liberté guidant le peuple)〉,
1830년,
프랑스 파리 루브르 박물관

## SCENE 04
## 존재와 이별, 예술의 마지막 목소리

○ 빛과 고독, 광기의 여정
   오베르 쉬르 우아즈에서 시작하다

빈센트 반 고흐,
〈오베르 교회(The Church at Auvers)〉,
1890년,
프랑스 파리 오르세 미술관

빈센트 반 고흐,
〈까마귀가 나는 밀밭
(Wheatfield with Crows)〉,
1890년,
네덜란드 암스테르담
반 고흐 미술관

빈센트 반 고흐,
〈생레미의 생 폴 병원(Saint-Paul Asylum, Saint-Rémy)〉,
1889년,
프랑스 파리 오르세 미술관

빈센트 반 고흐,
〈일출 아래 수확하는 농부(The Reaper under the Morning Sun)〉,
1889년,
프랑스 파리 오르세 미술관

빈센트 반 고흐,
〈노란 집(The Yellow House)〉,
1888년,
네덜란드 암스테르담
반 고흐 미술관

빈센트 반 고흐,
〈아를의 방(The Bedroom)〉,
1888년,
네덜란드 암스테르담
반 고흐 미술관

빈센트 반 고흐,
〈론강의 별이 빛나는 밤(Starry Night Over the Rhône)〉,
1888년,
프랑스 파리 오르세 미술관

빈센트 반 고흐,
〈밤의 카페 테라스
(Café Terrace at Night)〉,
1888년,
네덜란드 오테를로
크뢸러 뮐러 미술관

폴 고갱,
〈해바라기를 그리는 고흐(Vincent van Gogh Painting Sunflowers)〉,
1888년,
네덜란드 암스테르담
반 고흐 미술관

빈센트 반 고흐,
〈아를 병원의 정원(Garden of the Hospital in Arles)〉,
1889년,
오스카 레인하르트 컬렉션

빈센트 반 고흐,
〈아를의 붉은 포도밭
(The Red Vineyard at Arles)〉,
1888년,
러시아 모스크바 푸시킨 미술관

빈센트 반 고흐,
〈숲속의 두 인물(Undergrowth with Two Figures)〉,
1890년,
미국 오하이오주 신시내티 미술관

빈센트 반 고흐,
〈펠트 모자를 쓴 자화상(Self-Portrait with Felt Hat)〉,
1887년, 네덜란드 암스테르담
반 고흐 미술관

빈센트 반 고흐,
〈화가의 자화상
(Self-Portrait as a Painter)〉,
1888년,
네덜란드 암스테르담
반 고흐 미술관

빈센트 반 고흐,
〈붉은 수염의 자화상(Self-Portrait with a Beard)〉,
1889년,
네덜란드 암스테르담
반 고흐 미술관

○ 묘지 속의 하모니, 음악은 계속된다_
　빈 중앙묘지의 거장들

모리츠 폰 슈빈트,
〈슈베르티아데(Schubertiade)〉,
1868년경,
오스트리아 빈 벨베데레 미술관

○ 페르 라셰즈,
　예술가들의 별이 된 자리

외젠 들라크루아,
〈단테의 배(Le Braque de Dante/
Dante et Virgile aux enfers)〉,
1822년,
프랑스 파리 루브르 박물관